技術者の転職意欲と
その影響要因

王　嬌
Wang Jiao

溪水社

謝　辞

　本書の執筆にあたり、ご指導いただいた先生方、私の研究生活を支えてくださった多くの方々、そして編集者の皆様へ心からの感謝の意を表します。まず、同志社大学政策学部における一貫制博士課程在学中、公私にわたり大変お世話になった中田喜文教授に深く感謝申し上げます。中田先生からは、研究の初期段階から現在に至るまで、学術研究における知識、技術、そして姿勢を育む上で非常に重要なご指導と貴重なご助言を賜りました。

　副指導教官として、的確なアドバイスを賜った同志社大学政策学部の藤本哲史教授、川口章教授、太田肇教授にも深く感謝申し上げます。また、博士課程への進学を促してくださった同志社大学日本語・日本文化教育センターの李長波教授にも深い感謝の意を表します。

　さらに、同志社大学大学院技術革新的経営コースの教員の皆様に、発表会などで頂いた貴重なアドバイスとコメントに心から感謝いたします。総合政策科学研究科の先輩方・同級生、そして政策学部中田ゼミの学生たちからは、日頃、研究内容や進め方について貴重な示唆や意見を頂き、多角的な議論を通じて多くの気づきを得ることができました。これら全ての方々に心から感謝申し上げます。

　本書の編集過程においては、編集者の皆様の専門的知識、洞察力、そして忍耐力に大きく支えられました。皆様の献身的なサポートと細やかな配慮に深く感謝いたします。

　最後に、日本で学ぶ機会を与えてくれた家族、特に研究に専念できる環境を整えてくれた両親、そして困難な時に適切なアドバイスをくれた姉に、心から感謝します。

目　次

技術者の転職意欲とその影響要因

序章　本書の目的

　本書の目的は、技術者の転職の意思決定を規定する要因を明らかにすることである。具体的には、技術者の転職による賃金上昇の期待値、教育訓練、仕事特性と、転職意欲との関係について、理論的・実証的に考察することを企図したものである。これらの関係について、職種間比較、国際比較、及び2時点擬似パネルデータによる相違があるかどうかも検証するものとする。転職の動機は、金銭的誘因と非金銭的誘因と大きく2つに分類される。日本の技術者はどのような誘因によって転職するのであろうか。本書は以下の3点を具体的な研究課題（リサーチ・クエスチョン）として、技術者を対象に検証する。

　第1に、プロフェッショナル労働市場における技術者が、転職することによる賃金上昇の可能性に関する検討、第2に、賃金上昇に関わる教育訓練要素（スキルの汎用性、自己啓発、企業による能力開発）が技術者の転職の意思決定に与える影響についての検討、第3に、技術者の確保に効果的な職務設計のあり方に関する検討である。

　本書の目的の背景には、近年の技術革新による技術者の需要の高まりと、それに伴う技術者自身のスキルや会社の将来などについての不確実性の増大がある。技術者の確保に関しては、新卒採用だけではなく、既存の人材の教育訓練により質の高い労働力へ転換することが重要である。その必要性は強く指摘され、政策的な課題としても認識されているところである。学術分野においても、技術者を対象として転職に関する実証研究が見られるようになって久しい。しかし、転職に関わるものとして着目されている要因に関しては、探索的に幅広く捉えていたり、技術者特有のものであると

いう視点に欠けていたりする傾向が見られる。

　そこで、本書では、公的統計データを利用した問題の整理、先行研究のレビューを通じた研究課題の整理、諸理論を基盤とした仮説モデルの導出、及び実証データを用いた仮説モデルの検証を組み合わせて行なう。

　第1章ではまず、技術者における人材の量的・質的不足という課題に関する社会的・学術的背景の整理を行なった上で、技術者の人材（人手）不足に関して、量的のみではなく、技術変化に伴う質的不足も大きい可能性を指摘し、技術者の転職意欲という視点からの検討の必要性があることを確認する。技術者の人材（人手）不足の要因として、労働者が望む労働条件と企業が提供する労働条件との間に乖離が存在する可能性や、技術分野における人手不足状態の長期化が、技術者の業務量を増加させるという悪循環を引き起こす可能性、技術者の能力と職務との間にギャップがある可能性について説明し、技術者の効用をキー概念に検討すべきという本書の問題意識を提示する。

　第2章では、既存の統計調査（就業構造基本調査と賃金構造基本調査）を基に、日本における技術者の実態と彼（彼女）らを取り巻く環境について考察する。技術者を取り巻く労働市場と労働条件の変化について言及すると共に、変化を規定する要因についての考察を行なう。

　第3章以降において、技術者の転職意欲に関して文献レビューを含めた理論研究、ならびに定量分析により、検討を行なう。まず第3章においては、転職行動と転職意欲に関する概念整理を行なった上で、技術系人材の労働移動（組織内移動・組織間移動）の状況を概観し、日本の技術者を含む専門職の移動可能性をレビューする。そして、技術者の転職の意思決定に影響を与える要因を経済学的アプローチ、社会学的アプローチ、心理学的アプローチから検討する。転職の意思決定に関する課題は、心理学や社会学、経営学、経済学など様々な学問領域で検討されている。しかし、その多くは職種や産業を限定したものではなく、一般的な企業における従業員を対象としたものが中心であり、職種や産業、その職場の特徴に着目した上で検討するという視点からの研究は、まだ十分に蓄積されていない。本

書は、技術者という、特殊な仕事特性をもつプロフェッショナル職に着目することで、転職意欲に関する学術的知見のさらなる充実にも貢献できるのではないかと考える。

第4章において、転職の意思決定に関連する先行研究を踏まえて、その理論的基盤である「人的資本理論」、「ジョブ・サーチ理論」及び、「ジョブ・マッチング理論」について理解を深めていく。これらの先行研究から導き出される仮説モデルを提示する。仮説モデルの提示にあたり、「金銭的効用（金銭的効用仮説）」、「教育訓練（教育訓練仮説）」、「仕事特性（仕事特性仮説）」、及び転職のコストを広い意味での効用という概念から、技術者の転職における効用最大化問題として定式化する。さらに、先述の本書において検討する具体的な3つの研究課題（リサーチ・クエスチョン）を導き出し、仮説を提示していく。

そして、第5章以降では、第4章で提示した分析モデルを使って、技術者の転職意欲と金銭的効用仮説、教育訓練仮説、仕事特性仮説との関係について、定量的な検証を行なう。

第5章ではまず、「転職の意思決定モデル」は、日本の技術者の転職意欲の実態、規定要因をどの程度説明できるかを、電機連合（全日本電機・電子・情報関連産業労働組合連合会）組合員を対象に行なった調査の個票データ（2015）を用いた職種比較によって検証する。このデータは限定されているが、モデルに信憑性があることが確認できれば、今後の課題解決に向けての政策的オプションに対して、1つの指針を得ることができる。

第6章では、このモデルが、海外においても、日本と同様に説明可能なモデルであるかを「日本のソフトウェア技術者の生産性および処遇の向上効果研究：アジア、欧米諸国との国際比較分析のフレームワークを用いて」（同志社大学）を用いて検討する。もし、説明可能であれば、ソフトウェア技術者に関して、当該モデルの一般性が示唆され、このモデルに基づく政策対応を他国に対しても提案できることになる。

第7章では、技術者の転職意欲に対する金銭的効用の効果、教育訓練の効果、及び仕事特性の効果について、時点固有の効果と個人属性による効

果を峻別するため、2時点調査データを用いて、擬似パネルデータを構築し統計的分析を試みる。

　第8章において、本書全体をまとめ、本書が示す、経済学を中心とする周辺的学問領域への学術的貢献（理論的インプリケーション）と政策的課題への実践的貢献（実践的インプリケーション）とを整理する。最後に第9章において、残された研究課題と今後の研究展望について述べる。

第1章　本書の問題意識と研究の手法

　この章では、本研究を行なう理由・背景として、「社会的背景」と「学術的背景」に着目し、技術者に関する人材確保の問題点を整理する。第1節では社会的背景として、技術者に関する量的・質的人材確保の必要性について述べる。第2節では学術的背景として技術者の「効用」を分析対象とすることで、結果として、社会の中での技術人材の活躍の可能性に対して理解が深まることを述べる。第3節では、本書の問題意識として、技術者の転職意欲に関して、労働に対する効用の視点から、転職意欲を解明することの重要性を述べる。第4節では、本書の研究の手法を述べる。

1.1　社会的背景

　日本において、少子高齢化が進展し、生産年齢人口が減少し、労働力の減少が見込まれる。このような構造的な要因に加えて、現在は、情報技術の進展などを背景とした技術者の量的需要の増加、及び新たな技術に対応して高付加価値を生み出す技術者の質的需要の増加により、技術者は慢性的人手不足の状況にある。

　経済産業省（URL1）では、IT技術者の需給モデルを作成し、既存の統計調査等のデータに基づいて日本のIT技術者数の推計を行なった。それによると、若い人口は減少を続け、2020年、IT技術者の不足数は30万人となっている。さらに予測に基づくと、2021年以降も現状の施策を継続した場合、2021年は31万人、2022年は32万人と不足数は右肩上がりで増え続け、2030年には約45万人に上ると推測されている。IT技術者の平均年齢は2030年まで上昇し続け、IT技術者の高齢化が進んでいくことも

予想されている。

　日本には化学業界や食飲料品・医薬品業界など、世界シェアトップクラスの企業が多々ある。そのため、これらの業界に関わるものづくり技術者の需要も高くなってきているが、人材育成が追いついていないのが現況である。さらに、若者の製造業離れ・理科離れがこれに拍車をかけている状況にあると言われている。経済産業省（URL2）によると、製造業においては、若年者の入職者数の増加が鈍く、高齢化が進展している。具体的に、製造業における新規学卒者数は、2000年以降減少傾向となり、2014年に10.7％と過去最低を記録している。一方、製造業の就業者に占める65歳以上の者の割合は、2000年において製造業は4.5％であり、2019年には8.8％まで拡大してきている。

　日本の製造業は高い競争力をもっている。この強みを支えてきたのが優秀な技術者であることは誰も否定できないであろうし、今後も彼（彼女）らが支えていくことになる。すなわち、どのように技術者の活力を引き出し、向上させていくかが、将来の日本の産業競争力を維持していけるかどうかの鍵となると考えられる。

　このような状況の中、内閣府（URL3）は、「経済財政運営と改革の基本方針2017～人材への投資を通じた生産性向上～（平成29年6月9日閣議決定）」に基づき、働き方改革と人材投資を通じた生涯現役社会の実現、成長戦略の加速等の取り組みを行なっている。また、同方針は『今後本格化する人口減少・少子高齢化は必ずしもピンチや重荷でなく、イノベーションのチャンスとして捉えるべきである。労働力の減少は、生産性、創造性の向上の機会でもある。Society 5.0（超スマート社会）の実現に欠かせない投資が起き、経済社会の生産性向上に向けた好循環が生じることが期待される。』としている。すなわち、限られた資源という制約下で、国家、地域、そして企業は競争優位を維持・強化するために卓越した研究・開発と技術革新を進めていくことが不可欠である。その技術を生み出す科学技術・学術に関わる研究者に加え技術者の役割が極めて大きいといえる。文部科学省も、「技術者の養成・確保」のための方策を企業の視点から見ると、人

口減少社会も見据えた現場の生産性・効率性の促進を求めつつ、現場の担い手を継続的及び安定的に確保・育成していくことが不可欠である、と述べている。

　人手不足の問題は国家政策に関わるマクロ的な課題であり、同時に企業経営に関わるミクロ的な課題でもある。個別企業から見た場合、この問題が端的に現れているのは人材確保競争の激化である。労働政策研究・研修機構（URL4）の『「人材（人手）不足の現状等に関する調査」（企業調査）結果及び「働き方のあり方等に関する調査」（労働者調査）結果』（2016）によると、人材（人手）の過不足状況については、「従業員全体」としては「不足」が4割を超えた。図1-1は人材が不足している企業において、職種別人材不足の割合を示している。図から分かるように、正社員のうち「専門・技術職（その他）」がもっとも不足していて、その割合は26.2％である。

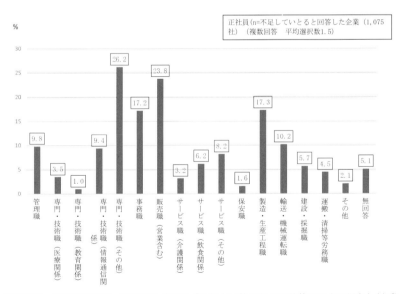

資料出所：労働政策研究・研修機構（2016）「人材（人手）不足の現状等に関する調査」（企業調査）結果及び「働き方のあり方等に関する調査」（労働者調査）の結果により筆者作成

図1-1　正社員に見た不足職種の割合

また、これを技術者個人の視点で見ると、市場の需要を満たすために職種を転換する必要があると考えられる。そこで、企業の需要に対応するために、技術者はいかに自己能力を捉えているのか、さらに彼らの職種間移動は市場の需要に向ける合理的な判断となっているのか、その実態を明らかにする必要がある。

1.2　学術的背景

　上述したように、社会構造・産業構造の変動によって、技術人材への需要が高騰し、高度な技術系人材の量的・質的不足が常態化している。質的不足に大きな影響を及ぼす一因と考えられるのが、技術者の専門性やスキルの高さ、熟練度の問題である。そのため、政府関係が各方面で技術人材育成のためのプロジェクトを推進し、技術者の育成に努めている。例えば、平成18年度より文部科学省（URL5、6、7）が継続実施している「産学連携による実践型人材育成事業—ものづくり技術者育成—」プロジェクト、平成23年より文部科学省と経済産業省が共同で立ち上げた「産学協働人財育成シンポジウム〜産学協働による人財育成に向けたアクションの始動〜」、閣議決定により設置された「グローバル人材育成推進会議」、などがあげられる。

　ものづくり産業及び情報通信産業において、高度なスキルを身につけた技術者の育成が急務となっているが、このような技術者の人材育成や個人特性に関する研究は十分に蓄積されているとは言い難い。特に、卓越した優秀なものやサービスを開発することができるソフトウェア技術者の特徴を把握した研究や、彼（彼女）らの能力を遺憾なく発揮できる環境づくりのプロセスを体系的、実証的に研究したものはまだ少ない。

　このように、技術者や、ソフトウェア技術者のキャリアを対象とした研究が少ない状態では、技術者の育成や確保の議論が空虚なものになる。本書が研究の対象とする技術者の転職意欲の形成メカニズムを解明することで、彼らが長期戦力化し、長く付加価値の高い仕事に従事することは、日本企業の競争力向上に大きく資するものである。

その実現に向けて、技術者における職務満足度や仕事動機などの明確化を試みた研究は行なわれてきた（藤田 2000；大薗 2009）。そこでは、賃金や労働時間や能力開発の機会などが大きな要因として提起されてきた。このような研究は、転職意欲に繋がる直接的でもっとも重要な要因を明らかにしたという点で大きな貢献を果たしてきた。

　同時に、職場要因と転職意欲との関係の分析を試みた研究も存在している。そこでは、ストレス研究の一分野としてストレス要因を解明する研究（朝倉 2002；田中 2017）や、マネジメント研究の流れを汲んで組織マネジメント（日高 2011）と転職意欲の関係を解明する研究などが行なわれてきた。

　これらの研究は、技術者のストレス低減や満足度向上という意味においても大きな貢献を果たしてきた。一方、過去数十年にもわたって先進国で継続している技術革新がもたらした技術者の増加を受けて、職務設計やそこから生じる知識労働者の職務特性を研究の射程に加え、知識労働者のキャリア志向と職務特性の関係を考慮した研究に対する関心が、アメリカを中心に高まってきた。これらの研究では、職務設計に関する伝統的な研究を踏まえたうえで、知的側面が従業員の態度、幸福感、満足感、さらにはパフォーマンスに寄与するという調査結果の蓄積が行なわれてきた。そして、その中心的な説明概念として、職務特性の一つである職務自律性や職務有能感などが取り扱われてきた。

　このような研究は、日本の技術者における態度や行動に関する研究にも大きな示唆を与えるものである。しかし、このような職務の特性がもたらす社会的接触の結果である転職意欲に着目した研究は、日本の技術者研究においてはあまり見受けられないのが現状である。そこで、本書では、技術者の仕事特性にも注目し、仕事特性が転職意欲に与える影響についての検討を試みる。

1.3　問題意識

　社会的、学術的背景の考察で明らかになったのは、少子高齢化やグロー

バル経営による技術者の量的不足と技術革新に対応できないことによる技術者の質的不足が同時に起こっていることである。従って、技術系人材の確保については、新卒採用を拡大するという「入口の拡大」の視点と、技術職に就いた者の長期戦力化という「人材定着」の視点が考えられる。共に、重要な視点であり、前者の入職するものを増やすという点については、長期的な視野からその必要性が高いと考えられる。

　しかし、少子高齢化による若年労働者の減少は構造的な問題であり、他社と競争などもあって、多くの企業で従業員の採用を増やすことは困難になるのも事実である。図 1-2 は職種全体と技術に関連する 5 職種の有効求人倍率の近年の変化を示したものである。まず、有効求人倍率の全体としては、2008 年のリーマンショック後、2009 年までに、0.36 倍まで落ち込

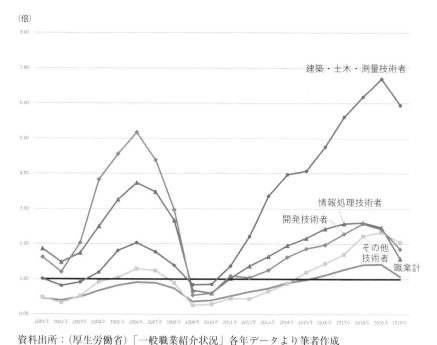

資料出所：（厚生労働省）「一般職業紹介状況」各年データより筆者作成

図 1-2　職種別有効求人倍率の推移（常用（除パート））

んだものの、その後、毎年確実に回復し、2018年においては1.41倍まで上昇している。技術関連職において、倍率がもっとも高いのは建築・土木・測量技術者（6.18）で、その他技術者の求人倍率は2015年以降、職種計を上回る。近年は、労働市場に供給されている技術職の求人数が、求職数を経常的に上回っていることが分かる。

　吉田（2018）は、IT市場の規模拡大に対して業界内の人材が不足していく背景の中で、IT企業各社が新たに人材採用を増やして対応していくことには限界があると指摘している。さらに、人手不足は、従業員の採用が難しいことを意味するだけでなく、既存の従業員が離職する可能性が高まることも意味する。労働研究政策研究・研修機構の「人材（人手）不足の現状等に関する調査」（企業調査）結果及び「働き方のあり方等に関する調査」（労働者調査）結果」によると、人材の確保ができてない理由として、「人材獲得競争の激化」（66.6％）が、もっとも多く2/3に上った。次いで、「慢性的な人手不足産業」（40.9％）や「離職の増加」（34.0％）があげられた（URL4）。

　これらの事実から、以下の3点が示唆される。第1に、労働者が望む労働条件と企業が提供する労働条件との間に乖離が存在する可能性である。今後ますます、科学技術のニーズが高まると予測される中で、技術者を安定的に確保していくためには、技術者が働きやすい環境を整えていくことが重要である。第2に、技術分野における人手不足状態の長期化は、現場で働く技術者を疲弊させ、それが新たな離職者の発生に繋がり、継続して働く技術者の業務量を増加させるという悪循環を引き起こす可能性である。第3に、技術者の教育訓練を計画的行ない、能力と職務とのギャップを解消することの必要性である。本書は以上3点の示唆を念頭に、転職意欲のある技術者がどのようなパーソナリティのもち主なのか、また他の職種、他国の技術者とどのような違いがあるか、という疑問に対して、技術者の効用をキー概念に用いることによって明らかにするものである。

1.4　研究の手法

1.4.1　研究対象

　上述した問題意識を、分析を通じて客観的に明らかにしていくために、本書の研究対象を明示しておく必要がある。

　第1に、現実社会における問題意識を抽象世界における分析的枠組みに昇華させるために、転職意欲を捉える学術的概念を導入する必要がある。転職意欲（Turnover Intention）に対する研究は欧米諸国において始められ、すでに半世紀を経ており、現在でも盛んに行なわれている。これらの先行研究では、転職を防ぐために、一般労働者を対象として「転職行動あるいは転職意思に影響を与える要因」を中心に研究されてきた。さらに、それらの要因間の関係を構造的に理解するため、参加の意思決定モデル（Simon 1960）、転職の意思決定モデル（Mobley et al. 1977）が検討されてきた。転職の研究がこれほど注目されるのは、転職意欲が労働者の生産性に影響を与えるだけではなく、組織全体のパフォーマンス及び転職行動と高い関連性があるからである。それゆえ、技術者の転職の意思決定に影響する要因を解明することにより、企業のマネジメントにおける改善点を見つけ、改善に取り組むことが可能だと考えられている。

　第2に、本書の分析対象である。企業で働くホワイトカラーは、大きくは事務系従業員（企画、事務、営業）と技術系従業員（研究者、ハードウェア技術者、ソフトウェア技術者）に分けられる。技術者なども含む専門職（プロフェッショナル）が、どのようなキャリア志向を保有しているか（いわゆるプロフェッショナリズム）について、Gouldner（1957）が組織内プロフェッショナルにおける態度・行動の分化に関して、コスモポリタン（Cosmopolitans）とローカル（Locals）という2つのアイデンティティの類型をモデル化した。Gouldner によれば、コスモポリタンは、専門的知識・技術に対するコミットメントが強く、雇用組織へのロイヤリティはそれほど高くないのに対して、ローカルは、彼（彼女）らの働いている組織へのロイヤリティが強く、そのため企業の目標や価値と一体化している。

　Gouldner 以降、コスモポリタンとローカルの分化の傾向が様々なプロ

フェッショナルにおいて一般的に見られることが明らかになり、組織内プロフェッショナルの態度や行動を理解するうえでの重要な概念であることが認識されるようになった（Aranya and Ferris1984；藤田 1990；申 2002；三崎 2004）。

　このように技術者が他の職種と異なる価値観・嗜好をもつならば、生涯にわたる就業選択行動が異なる可能性が高く、それが転職の意思決定にも及ぶと考えられるため、本書では、技術者を対象に、他のホワイトカラーと比較しながら転職の意思決定を分析することにする。さらに、技術者全般の転職の意思決定を視野に入れてはいるものの、対象をある程度限定することで問題をより鮮明に描き出すことができると考える。詳細は後で述べるが、本書では、技術者の職務の多様性に留意しつつ、情報社会において注目すべき特徴を備えた技術者を代表する職種として、ソフトウェア技術者に焦点を当てる。

　技術者の転職意欲を研究対象として取り上げるにあたり、まず、「技術者」という言葉でどこまでをカバーするのか、ある程度整理しておく必要があるため、ここで、本書での分析範囲を明確にしたい。

　文部科学省の「大学における実践的な技術者教育のあり方（案）」(URL8)によると、日本では、「技術者」が明確な定義のないまま使用されており、一般的に自然科学や工学に立脚しない職業においても、スキルをもつ者を技術者と呼んでいることが多いと指摘している。その上、技術者を、国際的に Engineer として通用するものとして、「数学、自然科学の知識を用いて、公衆の健康・安全への考慮、文化的、社会的及び環境的な考慮を行い、人類のために創造、開発又は解決の活動を担う専門的職業人」と定義した。

　総務省統計局の標準職業分類によると、技術者とは「高度の専門的水準において、科学的知識を応用した技術的な仕事に従事する者」と定義される。技術者は大分類「専門的・技術的職業従事者」に該当し、中分類として農林水産業における企画・管理・監督・研究開発などの仕事に従事する「農林水産技術者」（分類コード 06）、食品、電気・電子、機械、化学などの製品の開発・設計及び電気に関する技術の開発、施設の設計などの仕事

に従事する「製造技術者（開発）」（分類コード07）、また製品の生産における生産性の検討・生産準備・設備計画などの工程設計及び工程管理・品質管理、監督、指導並びに発送電など電気に係る機器または施設の工事・維持・管理など開発・設計に含まれない仕事に従事する「製造技術者（開発以外）」（分類コード08）、建築・土木・測量における計画・設計・工事監理・技術指導・施工管理・検査などの仕事に従事する「建築・土木・測量技術者」（分類コード09）、情報処理及び情報通信に関する専門知識・経験をもって、適用業務の分析、システムの企画、プログラムの開発、構築されたシステムの管理、通信ネットワークの構築・保守などについての仕事に従事する「情報処理・通信技術者」（分類コード10）、そして「その他の技術者」（分類コード11）の6つのカテゴリーに分類される。

　国際的には、技術を担う人材として、職能によって、(1) 十分に特定された技術問題に対処し経験的な実務能力が求められる Technician、(2) 広範に特定された技術問題に対処する Technologist、そして、(3) 設計・開発・監督など複合的な技術問題に対処する Engineer の3つの区分が存在している。

　本書において、上記を踏まえ、「技術者」を、国際的に Engineer として通用するものとして、総務省の「職業分類」の定義を参考にしながら、表1-1のように分類する。

　第3に、技術者の転職の意思決定を定式化するために、本書の学術的立場、依拠する理論群に触れておきたい。本書では、経済学の立場から、転職の意思決定を労働者の効用あるいは満足度から説明していく。具体的には、「人的資本理論」、「ジョブ・サーチ理論」と、「ジョブ・マッチング理論」を用いて検証仮説を導き出す。

1.4.2　研究方法

　ここで、本書の研究課題を解決するための分析手法について言及したい。これらを簡潔に述べるなら、文献研究と統計分析である。

表 1-1　技術者の職業分類対応表

本研究の対象	日本標準職業分類（平成 21 年 12 月改定）		Standard Occupational Classification（SOC2010）
	職業中分類（6）B06 技術者	職業小分類（28）B06 技術者	Professional and related occupations
その他技術者	06 農林水産技術者	061　農林水産技術者	Agricultural engineers
	07&08 製造技術者	071&081　食品技術者	
		072&082　電気・電子・電気通信技術者（通信ネットワーク技術者を除く）	Electrical and electronics engineers
		073&083　機械技術者	Mechanical engineers
		074&084　自動車技術者	
		075&085　輸送用機器技術者（自動車を除く）	Aerospace engineers
		076&086　金属技術者（開発を除く）	Mining and geological engineers, including mining safety engineers
		077&087　化学技術者	Chemical engineers
		079&089　その他の製造技術者	Computer hardware engineers Nuclear engineers Petroleum engineers Materials engineers
	09 建築・土木・測量技術者	091　建築技術者	Architects, except naval Marine engineers and naval architects
		092　土木技術者	Civil engineers
		093　測量技術者	Surveyors, cartographers, and photogrammetrists
	11 その他の技術者	119　その他の技術者	Engineers, all other Industrial engineers, including health and safety Environmental engineers
情報処理技術者	10 情報処理・通信技術者	101　システムコンサルタント・設計者	Computer and information research scientists
		102　システム設計者	Computer systems analysts
		103　情報処理プロジェクトマネージャ	Database administrators
		104　ソフトウェア作成者	Computer programmers Software developers, applications and systems software
		105　システム運用管理者	Computer support specialists Information security analysts
		106　通信ネットワーク技術者	Network and computer systems administrators Computer network architects
		109　その他の情報処理・通信技術者	Computer occupations, all other Web developers

資料出所：「日本標準職業分類」（平成 21 年 12 月）（総務省統計局）、SOC2010（U.S. BUREAU OF LABOR STATISTICS）より筆者作成
注：日本標準職業分類の平成 21 年 12 月の改定に伴う改定点には次のようなものがある。例えば、「農林水産業・食品技術者」（2002・2007 年）は 2012 年から「農林水産・食品技術者」へ、「機械・航空機・造船技術者」（2002・2007 年）は 2012 年から「輸送用機器技術者」へ改称する。さらに、「機械・航空機・造船技術者」（2002・2007 年）の一部を「その他の情報処理・通信技術者」へ分割する。

（1） 文献研究

　研究目的に関連する先行研究をレビューすることは、全ての研究にとって欠かせない研究方法である。先行研究及び関連のある過去の文献資料を収集、整理することにより、研究に対する有用な情報を集め、研究仮説を導出し、後続の定性、あるいは定量研究のために堅実な理論基盤を構築することができる。本書も同様に、まず歴史的な観点から転職意欲及びその規定要因に関する代表的な理論や実証研究を考察し、これに基づいて理論モデルを作成し、解決すべき問題と初歩的な研究枠組みを設定する。さらに転職の意思決定に関して、プロフェッショナリズム（職種）による差異、労働市場の流動性（日米）による差異と、経営環境の変化（2008 年と 2015 年）による差異に関する先行研究をレビューし、実証研究の結果分析や、企業に対する提言の論拠とする。

（2） 統計分析

　本書は技術者に対する既存の統計データを活用し、統計学的にデータを分析する。主な統計分析方法は一元配置分散分析で研究変数の人口統計学的変数や制御変数による差異を調べる。さらに質的選択モデルの推定、擬似パネル分析などの計量経済学的手法により、転職意欲と、転職による賃金上昇の期待値、教育訓練、仕事特性などの変数に関する仮説を検証する。加えて、こうした仮説検証結果を統合することで結論の一般化を目指す。

第2章　日本における技術者の概況と特徴

　本章では、技術者の人材（人手）不足に関する実態について、既存の統計データを基に検討する。第1節では、日本における技術者の労働市場参入状況に関して説明する。第2節では、技術者の就業状況について、既存の統計調査などを基に整理する。第3節では、技術者を取り巻く労働環境の実態に関する統計データを分析する。そして、第4節において、本書で取り組む課題として取り上げる、技術者の人材（人手）不足と転職の現状に関して述べる。第5節では、既存の統計データを利用する限界について述べる。

2.1　技術者教育と労働市場への参入
2.1.1　技術者養成の歴史的展開
　日本での技術者養成の拡充は高度成長期の始まりと共に開始された。日経連は1956年11月9日に、「新時代の要請に対応する技術教育に関する意見」と題した意見書を公表した（日本経営者団体連盟 1956）。意見書は技術者・技能者の養成計画立案と共に、以下の3点を中心に提言された。第1に、中級技術者を養成するため「二年制の短期大学を高校と結びつけ五年制の専門大学」を設置すること、第2に、四年制大学での理工系と法文系の比率が「著しく均衡を失した状態」を是正するため、「計画的に法文系を圧縮して理工系（専門大学を含む）への転換を図る」こと、第3に、工業高校や勤労青少年への技術教育の刷新、小・中学校での理科教育・職業教育を徹底することである（伊藤 2013）。
　その結果、1960年代前半、高等専門学校が飛躍的に増加する。大石（1972）

によると、高専は実際に「即戦力」とも言うべき「中堅技術者」を産業社会に輩出し、マンパワーポリシーを教育行政に導入する先導的役割を果たしてきた。しかし、紆余曲折を経て創設された高等専門学校は、技術者養成の量的面においては極めてマイナーな存在に止まることになる[1]。むしろ、この時期量的に拡大したのは、私立大学であり、また拡充は主に新制大学の学部レベルでなされた。すなわち、高度経済成長期における技術者の拡充について中核的な役割を果たしたのは 1957 年度から 4 年間で 8,000 人の理工系定員を増加させる計画、1961 年度から 3 年間で 2 万人の理工系定員を増やす計画、そして理工系だけに限られるわけではないが、1965 年度から 4 年間実施された高等教育拡充計画であった。

　図 2-1 は大学学部理工系在学者数の推移を示している。図 2-1 が示して

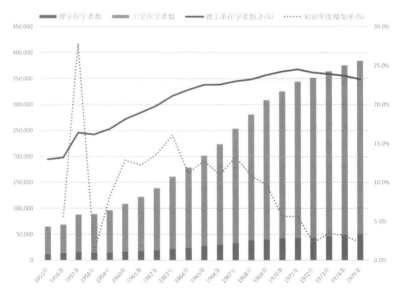

資料出所：（文部科学省）「学校基本調査報告書」各年データより筆者作成

図 2-1　大学学部理工系在学者数の推移

---

[1] 学校基本調査によると、1962 年設立当初高等専門学校入学者数は 2,781 人で、1975 年は 47,955 人である。

いるように、理工系在学者数は 1955 年約 65,000 人から 1975 年の 384,000 人まで、20 年間で約 5 倍に増加した。

　高度成長期を通して、一貫して強い人材需要の中理工系卒業生の就職率は極めて高く、1960 年代には技術者需要に応え、その層の拡大に貢献した。しかし、70 年代後半の低成長期への突入や、工業技術の高度化、更に情報化社会の到来は、高専や大学学部レベルの技術者輩出率の低下、卒業生の中小企業への就職や他の業種への進出の増加をもたらした（新谷 1999）。

2.1.2　技術者の人手不足

　近年になると、若者の「理系離れ」に危機感を持ち、政府が理系に若者を誘導し、大学院重点化政策により高学歴労働者を増加させた（藤本 2005）。それにもかかわらず、第 1 章の社会的背景で言及したように、日本において、ものづくり技術者、情報通信処理技術者といった技術系人材が慢性的に不足している。企業の採用需要が高まる一方、現場における技術者の数は十分でない事態、すなわち人手不足が経営の課題となっている。企業側からすると、一刻も早く即戦力となる人材を補充したくなるのは当然のことであろう。しかし、これほど求人を確保しなければならない状況であるにもかかわらず、必要に応じて需要を提供できないのが現状である。

　図 2-2 は労働市場における需給バランスを示す指標として技術関連職種（情報処理・通信技術者、開発技術者）の有効求人倍率を示すものである。職業計で見ると、2008 年のリーマン・ショック後、2009 年に、0.36 倍まで落ち込んだものの、その後、毎年確実に回復し、2018 年においては 1.45 倍まで上昇している。また、技術関連職種の有効求人倍率の動向を確認すると、2010 年には 0.60 倍だった情報処理・通信技術者と開発技術者の有効求人倍率は、2018 年時点で情報処理技従者は 2.61 倍、開発技術者は 2.58 倍（職業計は 1.41 倍）という高い数値となっている（厚生労働省「一般職業紹介状況」）。2010〜2018 年連続で上昇を続け、他の職種と比較して、技術者の採用が非常に難しい状況になっていることが窺える。

　しかし、新型コロナウイルス感染症拡大の影響を受け、情報処理・通信

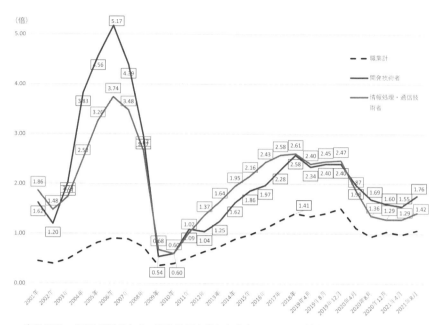

資料出所：（厚生労働省）「一般職業紹介状況」各年データより筆者作成

図 2-2　技術関連 2 職種の有効求人倍率の推移

技術者の有効求人倍率は 2019 年 12 月の 2.47 倍をピークに、第 1 回目の緊急事態宣言が出された 2020 年 4 月に 1.87 倍までに下った。その後も影響は続き、現在まで微増減を繰り返している状況である。

　この問題に対しては、様々な方面から大きな関心が寄せられている。経済学では、労働サービスに対する超過需要と解釈される。つまり、ある価格の元で労働サービスに対する供給量が需要量を下回るために労働者不足の状況となっているのである。技術系人材の労働市場における労働需要と労働供給は、少子高齢化、グローバル化、技術進歩などの様々な要因を介して互いに影響を与え合い、その結果、技術系人材の不足が生じると考えられる。

　技術系人材における人手不足の原因には、職場環境の悪さ、労働時間の長さと賃金の低さなどの要因が挙げられる。もう一方で、情報社会により

加速した技術革新の需要に対して技術現場への労働者の供給が追いついていないという側面が存在する。そしてこの2つの側面が複雑に入り組んで、技術者不足を引き起こしている。技術系人材の慢性的不足を解消するには、技術の需要側、供給側、双方の問題を検討する必要がある。

　そこで、本章では、まず、技術者における、雇用者の年齢構成比、男女比率、雇用形態といった「ストック」の状況並びに入職・転職といった「フロー」の状況を把握し、それを基に何が起きているのかを検討する。本章では主として2つの政府統計の公表データを用いて分析する。1つは総務省統計局によって5年に一度実施されている「就業構造基本調査」の各年データである。もう1つは厚生労働省によって毎年実施されている「賃金構造基本統計調査」である。これらの職種別データを利用する際、以下の2点に留意する必要がある。1点目、職種大分類別の労働者構成比は「就業構造基本調査」と「賃金構造基本調査」を比較すると、概ね一致しているが、「前者」の場合、日本標準職業分類の中分類で一定のボリュームがある職種であっても、業務の実態として区別が困難なものは細分化が行なわれていない。2点目に、「後者」の場合、職種の名称について、記入者により分かりやすい名称となるように工夫したため、「日本標準職業分類」と異なるものが存在する。

2.2　技術者の実態

2.2.1　職種小分類別技術者数

　分析に先立ち、日本の技術者の量の現状を概観してみよう。表2-1は職種小分類別の技術者数を示している。総務省統計局「平成29年度就業構造基本調査」から就業者の状況を見ると、「専門的・技術的職従事者」において技術者に分類される者の総数は約303万人、そのうち情報処理・通信技術者は約140万人であり、日本の技術者全体のおよそ46%を占めている。そこで、本節では職業小分類の技術者を情報処理技術者とその他技術者にグループ分けし、技術者人数の推移、基本属性転入率を概観する。

表 2-1　職業小分類別技術者数

本研究の対象	日本標準職業分類 (2009 年 12 月) (総務省統計局)	就業構造基本調査 (2017 年)	就業者数	技術者に占める割合
		総数	66,213,000	
	B 専門的・技術的職業従事者	B 専門的・技術的職業従事者	11,346,200	
	B06 技術者	B06 技術者	3,025,900	100.0%
その他技術者	06 農林水産技術者	B06a 農林水産・食品技術者	65,600	2.2%
	07 製造技術者(開発) 08 製造技術者(開発を除く)	B07a 電気・電子・電気通信技術者 (通信ネットワーク技術者を除く)	341,900	30.1%
		B07c 機械技術者	292,000	
		B07d 輸送用機器技術者	142,500	
		B07e 金属技術者	28,900	
		B07f 化学技術者	105,900	
	09 建築・土木・測量技術者	B091 建築技術者	269,400	18.9%
		B09a 土木・測量技術者	302,400	
	11 その他の技術者	B11a その他の技術者	82,800	2.7%
情報処理技術者	10 情報処理・通信技術者	B10a システムコンサルタント・設計者	697,600	46.1%
		B104 ソフトウェア作成者	478,700	
		B10c その他の情報処理・通信技術者	218,400	

資料出所：(総務省統計局)「就業構造基本調査」(2017) より筆者作成
注：日本標準職業分類の平成 21 年 12 月の改定に伴う改定点には次のようなものがある。
　例えば、「農林水産業・食品技術者」(2002・2007) は 2102 年から「農林水産・食品技術者」へ、「機械・航空機・造船技術者」(2002・2007 年) は 2012 年から「輸送用機器技術者」へ改称する。さらに、「機械・航空機・造船技術者」(2002・2007 年) の一部を「その他の情報処理・通信技術者」へ分割する。

２.２.２　技術者数の推移

　中田・宮崎 (2011) は広義の技術者 (研究開発活動に従事する自然科学者を含む) の労働市場について分析した。日本の製造業における技術者の量的特徴として、1990 年代半ばから労働市場の縮小が始まっていると指摘した。それまでは、団塊世代の引退や長期不況による技術者の人員削減が

表 2-2　日本の就業者数と技術者数の変化

	総就業者	指数	技術者	指数	情報処理技術者	その他技術者
1997 年	67,003,000	100	2,387,000	100	NA*注2	NA
2002 年	65,009,300	97	2,469,600	103	917,200	1,552,400
2007 年*注1	65,977,500	98	2,517,700	105	1,015,700	1,502,000
2012 年	64,420,700	96	2,654,900	111	1,161,800	1,493,100
2017 年	66,213,000	99	3,025,900	127	1,394,600	1,631,300

資料出所：（総務省統計局）「就業構造基本調査」により筆者作成
注１：技術者の中で情報処理技術者は 2002 年の調査で初めて集計対象になった。
注２：2007 年から就業構造基本調査の「機械・航空機・造船技術者（輸送用機器技術者）」
　　　の一部を「その他の情報処理・通信技術者」に算入

続いていたが、近年になり、グローバル化に加えて IT（Information Technology、情報技術）による技術革新が急速に進展したため、技術者数は増えつづけてきた。

　表 2-2 に、1997 年から 2017 年の就業者数と技術者数の変化を示した。1997 年を 100 とした指数で見れば、総就業者数では横ばいにあり、技術者は 1997 年と 2017 年を比べると、27％増えている。情報処理技術者数の増大は著しく、2002 年と 2017 年を比べると 50％増えていて、技術者の労働市場が拡大傾向にあることが確認できる。

2．2．3　技術者の基本属性

　技術系人材の慢性的不足を解消するために、潜在的な人材ストックである女性就業者を積極的に活用する必要があるが、日本の技術者における女性のシェアの低さについては問題として指摘されることが多い（内閣府 2011；藤本 2015；櫻井 2015）。政府は、「男女雇用機会均等法」（1986 年）、「男女共同参加社会基本法」（1999 年）、そして、アベノミクスの成長戦略の鍵を握る「すべての女性が輝く社会」などの女性就労推進事業を展開し、職場における「女性の活躍」を強調している。様々な関連団体も女性部会を設置し、科学技術現場における女性活躍支援を開始した段階にある。女性を対象とする活躍推進支援策、大学や公的研究機関では働く女性研究者に

向けて実施している推進策（例えば、日本学術振興会の特別研究員-RPD制度など）があり、大学や公的研究機関における女性研究者（大学院生を含む）のシェアは上昇傾向にあるが、民間企業における女性技術者の活躍は進んでいるとは言い難いだろう。

　表2-3は2002年から2017年の就業構造基本調査の公表データを用いて、技術者における女性比率、非正規比率及び60歳以上就業者比率を示したものである。2017年の就業構造基本調査によれば、女性技術者の割合（情報処理技術者14.1%、その他技術者7.4%）は就業者全体に占める女性割合44%の1/3以下の水準である。経年の動向を比較すると、情報処理技術者においては2002年の13.6%から2017年には14.1%（同0.5ポイント上昇）に、その他技術者においては2002年の5.0%から2017年には7.4%（同2.4ポイント上昇）と、15年間に僅かの上昇を示している。

　近年、雇用形態の多様化の流れの中で、企業を取り巻く環境や労働者の意識も日々変化を遂げている。「非正規雇用でも自分に合った働き方ができれば」、「正規雇用に拘らない」と、派遣や契約社員、アルバイトやパートといった形の求人にも目を向ける労働者が増加している。そこで、技術者の雇用形態別雇用者数を示したのが表2-3の中段である。情報処理技術者においてもその他技術者においても非正規雇用者構成比率は上昇していることが見て取れる。

　少子高齢化の進展など長期的な人口構造の変化及び産業構造の変化を踏

表2-3　技術者における女性比率、非正規比率ならびに、60歳以上就業者比率

		2002	2007[*注1]	2012	2017
女性比率	情報処理技術者	13.6%	13.1%	12.9%	14.1%
	その他技術者	5.0%	5.6%	6.2%	7.4%
非正規比率	情報処理技術者	7.1%	7.0%	8.0%	9.2%
	その他技術者	4.4%	7.2%	8.0%	8.7%
60歳以上就業者比率	情報処理技術者	0.7%	1.2%	2.0%	3.0%
	その他技術者	5.8%	8.2%	11.9%	14.3%

資料出所：（総務省統計局）「就業構造基本調査」により筆者作成
注1：2007年から就業構造基本調査の「機械・航空機・造船技術者（輸送用機器技術者）」
　　の一部を「その他の情報処理・通信技術者」に算入

まえ、シニア技術者の定年後再雇用は多くの分野において必要とされている。労働政策研究・研修機構が実施した「中高年齢者の活躍の場についての将来展望」（2004）（URL9）によると、情報処理技術者など IT 関連の職種では、一部に中高年齢者の職業能力に消極的な見方が存在するが、実は職種平均以上に中高年齢者の参入が多いか、または退出が少ないという指摘がある。実際、表 2-3 で 2002 年から 2017 年の 60 歳以上技術者の就業者比率を見ると、情報処理技術者は 2002 年の 0.7％から 2017 年には 3.0％（同 2.3 ポイント上昇）に、その他技術者は 2002 年の 5.8％から 2017 年には 14.3％（同 8.5 ポイント上昇）に上昇している。

　60 歳以上就業者比率の上昇、すなわち、技術者の高齢化が進行することにより、情報処理技術者及びその他技術者それぞれを構成する世代に変化が見られるかどうか、について内訳を見ていく。情報処理技術者の年齢層別構成比を示したものが図 2-3a と図 2-3b、その他の技術者の年齢層別構成比を示したものが図 2-3c と図 2-3d である。年齢構成は職種や性別によって大きく異なる。男性の情報処理技術者の場合、2007 年、2012 年、2017 年 3 時点共に 30 代の若年層に集中しており、男性のその他技術者においては、30 代に集中する状況から 40 代に集中する状況へとシフトしている。女性技術者の場合、情報処理とその他技術者での年齢分布には大きな相違がない。3 時点共に 20 代後半の若年層に集中しており、2017 年においては、40 代前半が多くなっている。これは、新卒採用と出産・育児後に正規または非正規雇用で技術者に復帰する女性が多いことに起因していると考えられる。また、技術者の労働需要が急増した時にこの部分の年齢層を積極的に採用したことと密接に関係していると考えられる。

　両職種において、男女共に、55 歳〜64 歳の割合が増加する一方、25 歳〜34 歳の割合が減少している。2007〜2017 年、年齢階層の最大グループは若いグループへの集中から、より広い年齢グループへの分散に移っていることが分かる。また、高齢化についてはその他技術者の方が情報処理技術者よりも進んでおり、2017 年における 55 歳以上の比率は男性では 25.1％、女性では 7.2％に達している。

(%)

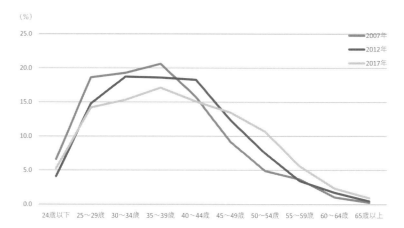

資料出所：（総務省統計局）「就業構造基本調査」により筆者作成
注：2007 年は職種新分類の数値

図 2-3a　年齢層別構成比　情報処理技術者（男性）

(%)

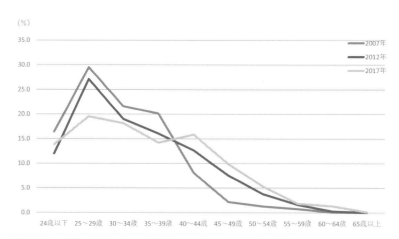

資料出所：（総務省統計局）「就業構造基本調査」により筆者作成
注：2007 年は職種新分類の数値

図 2-3b　年齢層別構成比　情報処理技術者（女性）

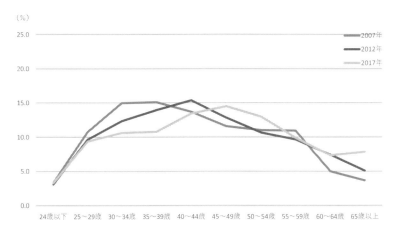

資料出所：（総務省統計局）「就業構造基本調査」により筆者作成
注：2007 年は職種新分類の数値

図 2-3c　年齢層別構成比　その他技術者（男性）

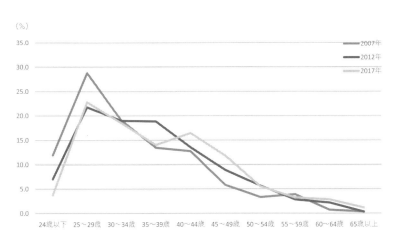

資料出所：（総務省統計局）「就業構造基本調査」により筆者作成
注：2007 年は職種新分類の数値

図 2-3d　年齢層別構成比　その他技術者（女性）

2.2.4 技術者の転入職者率の変化

　次に、日本における技術者の転入職者率の近年の変化を確認してみよう。就業構造基本調査の公表データには過去1年以内の就業異動に関する情報はあるが、職種中分類までの情報は整理されていない。ここでは独立行政法人統計センター[2]が提供している、政府統計のオーダーメード集計サービスを利用した[3]。転職者に関する職種別年齢グループ別統計から、転入職者率[4]を推計した。表2-4は男性技術者（情報処理技術者とその他技術者）の2007年と2017年の転入職者率を示しているもので、表2-5は女性技術者（情報処理技術者とその他技術者）の2007年と2017年の転入職者率を示しているものである。

　まず、男性技術者の場合、情報処理技術者とその他技術者共に、総転入職者率の低下が見られた。両職種共に、年齢階級が34歳以下のグルー

表2-4　職種別1年以内転入職者率 男性（会社などの役員を除く雇用者）

	2007 年情報処理技術者			2017 年男性処理技術者		
	転入職者率	総数	転入職者数	転入職者率	総数	転入職者数
総数	10.8%	799,400	86,500	9.0%	1,099,700	98,800
34 歳以下	17.9%	374,700	67,000	16.2%	400,800	64,900
35 ～ 59 歳	4.6%	420,300	19,500	4.6%	673,500	31,200
60 歳以上	0.0%	4,400	0	10.6%	25,400	2,700

	2007 年その他技術者			2017 年その他技術者		
	転入職者率	総数	転入職者数	転入職者率	総数	転入職者数
総数	6.9%	1,236,800	85,400	5.3%	1,342,000	70,900
34 歳以下	12.9%	409,200	52,700	11.9%	347,500	41,400
35 ～ 59 歳	2.9%	760,000	22,000	2.1%	851,900	17,800
60 歳以上	15.8%	67,600	10,700	8.2%	142,600	11,700

出所：統計センターオーダーメード集計より筆者作成

---

[2] 政府統計のオーダーメード集計の詳細は https://www.nstac.go.jp/services/order.html を参照。

[3] 当調査資料の利用に関して、中田喜文教授（同志社大学）から多大なご協力をいただいた。記して感謝の意を表す。

[4] 転入職者率は転入職者数を会社などの役員を除く雇用者数で除した値。

表 2-5　職種別 1 年以内転入職者率 女性（会社などの役員を除く雇用者）

	2007 年情報処理技術者			2017 年情報処理技術者		
	転入職者率	総数	転入職者数	転入職者率	総数	転入職者数
総数	14.9%	125,300	18,700	12.3%	183,400	22,500
34 歳以下	17.2%	87,600	15,100	20.2%	98,600	19,900
35 ～ 59 歳	9.5%	37,700	3,600	3.1%	84,800	2,600
60 歳以上	0.0%	0	0	0.0%	0	0

	2007 年その他技術者			2017 年その他技術者		
	転入職者率	総数	転入職者数	転入職者率	総数	転入職者数
総数	9.3%	77,300	7,200	8.4%	107,700	9,100
34 歳以下	14.5%	49,800	7,200	13.2%	53,000	7,000
35 ～ 59 歳	0.0%	27,500	0	3.8%	54,700	2,100
60 歳以上	0.0%	0	0	0.0%	0	0

出所：統計センターオーダーメード集計より筆者作成

プでは転入職者比率が高く、中高年齢 35～59 歳では低くなっている。再就職年齢の 60 歳になるとその割合は再び増加する。また、職種別ではその他技術者に比べ、60 歳以上の情報処理技術者のほうが、転入職者率が高く、変動も大きい。

　次に、女性技術者を見ると、男性技術者と同様に総転入職者率は、情報処理技術者、その他技術者共に、低下している。しかし、年齢グループ別に見ると、流動性の高い情報処理技術者の若年期（34 歳以下）の転入職が 17.2％から 20.2％上昇し、その他技術者においては、35～59 歳のグループで 0 ％から 3.8％に上昇した。これらのグループでは、中途採用が積極的に行われていると考えられる。

2.3　技術者を取り巻く労働環境について

　経済学では、労働者の不足はある労働価格の元で労働サービスに対する需要量が供給量を上回ると、労働サービスに対する超過需要と解釈される。現実には、労働市場で超過需要が発生すると、給与の上昇のみならず、様々な労働条件は改善し、超過需要を解消する力が働く。本節では、様々な労働条件のうち、2007 年から 2017 年における技術者の就業時間と賃金の変

化について検討する。

2.3.1 就業時間の実態と変化

　日本の技術者とりわけソフトウェア技術者の労働時間が長いと言われるが、どれくらいの労働時間なのか、長時間労働者はどの程度存在しているのか、また長時間労働者にはどのような特徴があるのかは明らかにされてない。本節では技術者の就業時間の分布及びその変化について、就業構造基本調査の 2007 年、2012 年、そして 2017 年の公表データを用いて整理する。図 2-4a から図 2-4d は雇用形態別・男女別の情報処理技術者とその他技術者の週間就業時間（年間就業日数 200 以上）の分布状況及び 2007 年、2012 年、2017 年の 3 時点の変化を示したものである。

　最初に、職種別雇用形態別技術者の就業時間分布について、2017 年データで確認する。正規情報処理技術者であるが、就業時間階級別技術者数の分布を見ると、週 42 時間以下（ほぼ残業ゼロ）の割合は男性 31.6％に対し女性 54.9％と、割合が 23％多く、女性の就業時間が短時間である傾向が確認できる。非正規情報処理技術者では、男性の場合、42 時間以下のグループは約 58％と大きな割合を示し、短時間労働の傾向が強いが、女性の場合は、短時間雇用と長時間雇用が 2 極分化していて、42 時間以下のグループはおよそ 68％で、60 時間以上のグループも 10.1％と多い。正規その他技術者を見ると、週 42 時間以下の割合は男性 25.4％に対し女性 38％と、女性の方が 12.6％多く、正規情報処理技術者と同じく、女性の短時間傾向が確認できる。非正規その他技術者では、男性の場合、42 時間以下のグループはおよそ 53％、女性の場合およそ 70％と大きなシェアを示し、男女共に短時間雇用が確認できる。

　以上、技術者の労働時間について、第 1 に、情報処理技術者とその他技術者において、長時間残業者が存在していること、しかし、第 2 に、技術者全員一様に長く残業しているのではなく、残業時間の長さに偏在傾向が見られ、長時間労働の偏在傾向は職種以上に雇用形態や男女による差が大きいという現状が確認できた。非正規女性情報処理技術者の長時間労働に

ついては、理由の一つとして、受発注の仕組みやIT エンジニアの仕事の特性によることが考えられる。情報システム構築の開発プロセスには複数のIT エンジニアがプロジェクト・チームで仕事を行なうため、作業の進

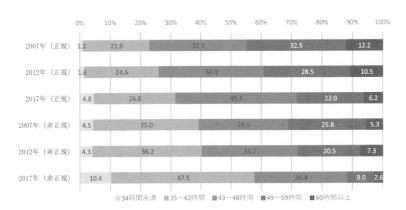

資料出所：（総務省統計局）「就業構造基本調査」により筆者作成
注：2007 年は職種新分類の数値

図 2-4a　週間就業時間（年間就業日数 200 以上）情報処理技術者（男性）

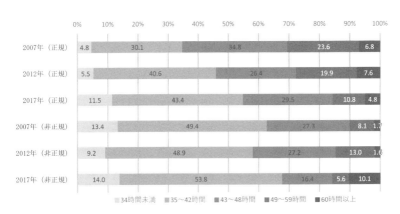

資料出所：（総務省統計局）「就業構造基本調査」により筆者作成
注：2007 年は職種新分類の数値

図 2-4b　週間就業時間（年間就業日数 200 以上）情報処理技術者（女性）

捗管理や製品の品質管理が難しく、また、企画プロセスが不十分な場合、その後の工程に影響が出て、時間外労働などが増える場合もある。この意味では、情報処理という職種は、女性が希望するライフスタイルを働き方に反映するとは言い難いだろう。

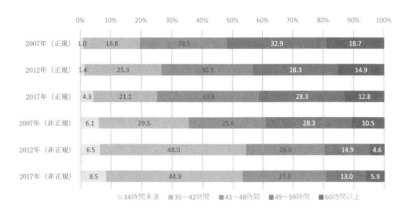

資料出所：（総務省統計局）「就業構造基本調査」により筆者作成
注：2007年は職種新分類の数値

図 2-4c　週間就業時間（年間就業日数 200 以上）その他技術者（男性）

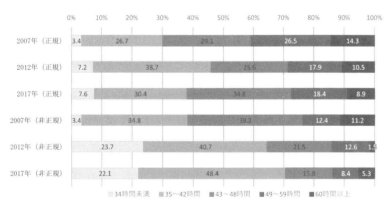

資料出所：（総務省統計局）「就業構造基本調査」により筆者作成
注：2007年は職種新分類の数値

図 2-4d　週間就業時間（年間就業日数 200 以上）その他技術者（女性）

次に、2007年、2012年と2017年の3時点の変化を確認する。労働時間の分布は年によって多少変動するものの、週あたり34時間未満で働く短時間労働者の割合は増加し（非正規の女性情報処理技術者は2012年に減少して、2017年若干増える）、週あたり60時間以上働く長時間労働者の割合は減少する傾向が見られる。

　具体的には、図2-4aの上3段のパネルは正規の男性情報処理技術者の就業時間分布の変化を示しているが、週60時間以上（長時間労働）のグループは2007年の12.2％から2017年の6.2％へと減少している。49時間以上で見ても2007年の44％から2017年の28％へと減少している。この間の変化は非正規雇用者においては更に大きい。図2-4aの下3段のパネルはその変化を示している。週60時間を超える層は2007年の5.3％から2017年の2.6％へ、49時間以上で見ても2007年のおよそ31％から2017年の11％への低下している。その他技術者においても、その程度は異なるものの、同様の減少傾向が確認できるが、非正規女性処理技術者は異なるパターンを示している。図2-4bの下3段のパネルが示している通り、60時間以上のグループは2007年の1.7％から2017年の10.1％に増加している。更に49時間以上で見ても、その割合は2007年の9.8％から2012年の14.6％へ、そして、2017年の15.7％へと増加している。

２.３.２　技術者の賃金の変化

　ここまでの技術者の労働時間に起こった変化を踏まえ、同時期の技術者労働市場における賃金の状況を検討する。第1節で見てきたように、技術関連職種の有効求人倍率は2010年〜2018年の約10年、上昇を続け、平均賃金の変化はどれだけの超過需要と対応していたのであろうか。

　一般的に、平均賃金は男女それぞれの平均賃金額や、男女の労働者数の構成比の変化の影響を受けている。日本では一般に男性の賃金は女性より高いので、男女を合わせた平均の賃金は女性労働者数の割合が高まると減少する。職種についても同様。ここでは、技術者の平均賃金のトレンドを職種、男女に分けて確認しておく。

図 2-5 は「賃金構造基本調査」の公表データを用いて各技術職種計の年間賃金総支給額を見たものである。年間賃金総支給額において、2019 年時点で、高い順に技術士、続いてシステム・エンジニア（SE）プログラマーとなった。男性技術者において、2009 年から 2014 年までの期間で、システム・エンジニア（SE）は技術士より高い数値であったが、2015 年から2019 年までの期間では逆転する結果となった。女性技術者において、2009年から 2014 年までの期間で、システム・エンジニア（SE）は技術士より高い数値であったが、2015 年以降の変動は大きい。一方で、プログラマーにおける年間賃金総支給額は男女共に、技術士、システム・エンジニア（SE）に比べて低い値で推移している。以上より、年間賃金総支給額ではプログ

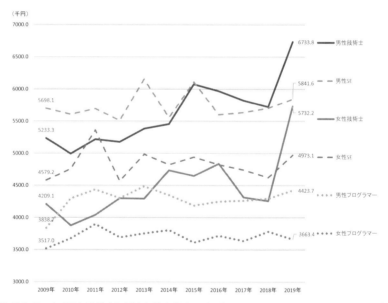

資料出所：」（厚生労働省）「賃金構造基本調査（10 人以上の常用労働者を雇用する事業所）により筆者作成
注：年間賃金総支給額＝ 6 月の決まって支給する現金給与額＊ 12 ＋昨年の年間賞与その他特別給与額

図 2-5　技術 3 職種の年間賃金総支給額の推移

ラマーが技術士やシステム・エンジニア（SE）と比べて低い現状が理解できる。特に年間賃金総支給額において、同じ IT 技術者でも、システム・エンジニア（SE）とプログラマーの差は大きいことが分かる。

　ここまでは、技術者を職種と男女の集団に分けて平均年間賃金総支給額の変化を見たが、さらに年齢階級別などいろいろな集団に分割すれば、それぞれの集団の平均や構成比の変化が全体の平均年間賃金総支給額の増減にどの程度影響したかが分かる。一般に、分割した集団のいずれかで平均賃金が増加すれば、全体の平均賃金をその分押し上げ、逆に平均賃金が減少すれば全体の平均賃金を押し下げる。

　また、平均賃金が全体の平均賃金より低い集団の構成比が高まることは全体の平均賃金を引き下げることになり、平均賃金が高い集団の構成比が高まれば全体の平均賃金は上昇する。図 2-5 の技術者の年齢構成比で分かるように、2007 年から 2017 年までの間、技術者の高齢化が進んできた。そこで、図 2-3 で確認された平均賃金の上昇を各年齢グループにおける平均賃金の上昇と年齢構成の変化の 2 要因に分解してみよう。

　以下では、男女別、職種別の技術者の平均賃金の増減に、各年齢グループの平均賃金額と構成比の変化がどの程度寄与しているのかを見る。

　今、第 1 期の平均賃金を T1、第 2 期の平均賃金を T2 とすると、第 1 期から第 2 期にかけての平均年間賃金総支給額の変化は、

$$T2 - T1 = X2\,B2 - X1\,B1 \qquad\qquad 式①$$

と表せる。ただし、X2 は第 2 期の各年齢グループの平均賃金横ベクトル、同様に X1 は第 1 期の各年齢グループの平均賃金横ベクトル。また B2 は、第 2 期の各年齢グループの全体の中での構成比縦ベクトル、B1 は、第 1 期の同様な構成比縦ベクトルである。すると、式①は、以下のようにも表せる。

$$X2\,B2 - X1\,B1 = (X2 - X1)\,B2 + (B2 - B1)\,X2 \qquad\qquad 式②$$

式②の第1項は、B2で加重評価した各年齢グループの平均賃金変化の全体変化に対する寄与分である。同様に第2項は、X2で加重評価した年齢構成変化の全体変化に対する寄与分となる。式②に基づき2009年から2019年の技術者平均賃金の変化を分解した結果が表2-6である。

　まず男性技術士に関する分解結果を見てみよう。2009年から2014年では、各年齢グループで見ると、平均賃金は減少した。しかし、同時に進行した高齢化がもつ平均年収上昇効果225.9（千円）によって、全体としては219.7（千円）の上昇が発生したことが分かる。2014年から2019年では、各年齢グループにおいて1,243（千円）上昇し、年齢構成効果の35.4（千円）上昇分が加わり、全体として1,278.4（千円）の平均賃金上昇が発生した。

表2-6　技術3職種年間賃金総支給額上昇の年齢効果

技術士			
男性	平均賃金上昇	各年齢層賃金上昇の効果	年齢構成効果
2009年～2014年	219.7	-6.2	225.9
2014年～2019年	1278.4	1243.0	35.4
女性	平均賃金上昇	各年齢層賃金上昇の効果	年齢構成効果
2009年～2014年	524.6	243.3	281.3
2014年～2019年	990.2	921.3	68.9
システム・エンジニア			
男性	平均賃金上昇	各年齢層賃金上昇の効果	年齢構成効果
2009年～2014年	-142.5	-337.3	194.8
2014年～2019年	286.5	108.6	177.8
女性	平均賃金上昇	各年齢層賃金上昇の効果	年齢構成効果
2009年～2014年	244.4	192.8	51.6
2014年～2019年	148.5	10.0	138.5
プログラマー			
男性	平均賃金上昇	各年齢層賃金上昇の効果	年齢構成効果
2009年～2014年	507.9	115.3	392.6
2014年～2019年	76.5	7.6	68.9
女性	平均賃金上昇	各年齢層賃金上昇の効果	年齢構成効果
2009年～2014年	289.0	130.3	158.7
2014年～2019年	-142.3	-39.3	-103.0

出所：（厚生労働省）「賃金構造基本調査」により筆者作成

以上から男性技術士の 2009 年から 2019 年の 10 年における平均賃金の上昇は前期の 2009 年から 2014 年と後期の 2014 年から 2019 年では、その変化の理由に大きな差異があることが確認できた。2009 年から 2014 年においては、男性技術士の高齢化が進展し、その賃金上昇効果が働き、結果として、全体の平均賃金が上昇したものの、各年齢グループにおいて平均賃金の上昇は見られなかった。しかし、後期になると、高齢化による平均賃金上昇効果は前期の 15％に低下したものの、各年齢グループにおいて平均賃金が大幅に上昇した。

女性技術士においては、2009 年から 2014 年と 2014 年から 2019 年ともに、平均賃金上昇が見られる。しかし、前期では高齢化の進展により賃金上昇効果の程度が大きいに対して、後期では各年齢層の平均賃金上層の程度が大きい。

男性システム・エンジニアにおいて、2009 年から 2014 年では、各年齢グループで見ると、平均賃金は大幅に減少し、同時に進行した高齢化による平均年収上昇効果があったものの、全体としては減少したことが分かる。2014 年から 2019 年では、各年齢層の平均賃金上昇効果に、高齢化の進展による年齢構成上昇効果が加わり、全体として、平均賃金上昇の傾向が見られる。

女性システム・エンジニアにおいて、2009 年から 2014 年と、2014 年から 2019 年共に、平均賃金の上昇が見られ、前期では各年齢層の平均賃金上昇効果が大きいのに対し、後期では高齢化の進展により、年齢構成上昇効果の程度が大きい。

男性プログラマーにおいては、2009 年から 2014 年と 2014 年から 2019 年共に、平均賃金の上昇傾向が見られ、いずれも高齢化の進展による年齢構成上昇効果の程度が大きい。

女性プログラマーにおいて、2009 年から 2014 年では、男性プログラマーと同様、平均賃金の上昇傾向が見られ、高齢化の進展による年齢構成上昇効果の程度が大きい。しかし、2014 年から 2019 年では、各年齢層の平均賃金低下が発生し、年齢構成においても平均賃金上昇の引き下げ効果が働

き、その結果平均賃金が低下した。

２．４　まとめ

　本章では、統計資料を用いて技術者の人手不足の実態及び労働条件の変化に迫った。また、企業が技術者の人手不足を解消する方法として、採用を強化したり、労働条件を改善したりすることが考えられることから、これらに注目して整理した。

　また、新たな雇用という視点から、情報処理技術者とその他技術者における、女性、非正規雇用、シニア技術者の比率についても検討した。両職種において女性技術者の比率に大きな上昇は見られなかったが、非正規雇用の構成比は上昇している。さらにその他技術者においては、シニア技術者を積極的に受け入れている傾向が見られた。人手不足の状況下で、民間企業における女性の活躍は依然として課題となっている。

　さらに、技術者の人手不足の実態を踏まえ、労働の超過需要に伴う、労働時間と賃金という２つの労働条件の変化について確認した。技術者の労働市場の状況は、リーマン・ショックの影響を受けて、2010 年には 0.60 倍だった情報処理・通信技術者と開発技術者の有効求人倍率は、約 10 年連続で上昇を続け、2019 年 12 月の時点で情報処理技従者は 2.47 倍、開発技術者は 2.42 倍という高い数値となっている。このことは技術者の労働条件の変化と対応している。労働市場のひっ迫度が共に高い情報処理技術者とその他技術者の労働時間の短縮は進み、正規技術者の労働時間の分布は調査年によって多少変動するものの、2007 から 2017 年の間では、週 34 時間未満働く短時間労働者の割合は増加し、週あたり 60 時間以上働く長時間労働者の割合は減少する傾向が見られる。もう１つの労働条件、賃金の変化については、リーマンショック後の 10 年では 2014 年から 2019 年の平均賃金変化が大きかったことが確認された。

２．５　今後の課題

　労働市場に関連するだけでも、賃金や労働時間など、現在既に就業して

いる（ストックの）技術者も考慮した、より総合的な分析枠組みが必要になり、公表されているデータだけでは不十分であることは明らかである。また、従来の観点からすれば、労働需要と労働供給は相互に独立したものとして捉えられるが、近年の技術者の労働市場とマクロ経済との関係をより深く理解するためには、少子高齢化、グローバル化、技術革新といった要因を介在して、労働需要と労働供給が互いに影響を与え合っていることに考慮する必要がある。例えば、技術の進歩は高学歴労働者への需要を相対的に高めるため、労働供給側における高学歴化をもたらす重要な要因となった。また、少子高齢化という労働供給側の制約は、労働節約的な技術の進歩を促すことにより、労働需要に影響を与えた。このように、労働需要と労働供給の2つの側面が複雑に入り組んで、技術者不足を引き起こしている。本章では、その出発点として、技術者の人手不足に直接的に関わると考えられる統計的指標を吟味して、昨今の人手不足を理解する情報を提供した。

第3章　先行研究のレビュー

　本章では、これまでなされてきた技術者の転職に関する研究のレビューを行なう。レビューを通じて、先行研究の蓄積から何がどこまで明らかになり、何が明らかになっていないのか、また、技術者の転職の意思決定に影響を及ぼす要因として、新たに解くべき問題としてどのような点に着目すべきかを検討する。第1節では、転職に関する諸概念を整理した上で、日本の技術系人材の労働移動の状況に関する先行研究をレビューする。本章における転職の用語や概念については後述するが、ここでは経済学における労働移動のうちの、組織間移動とほぼ同義である。組織間移動と対をなすものが組織内移動である。第2節では、技術者の転職の意思決定に焦点を当てた国内外の先行研究を概観し、転職意欲に影響を与える要因として、どのような点が取り上げられてきたのかを整理する。第3節では、プロフェッショナル労働市場に着目し、基本的なモデルと関連する実証研究について整理を行なう。第4節では、技術者の転職の意思決定を考える上で、修正すべき分析枠組み上の問題点と、検証が求められる実証研究上の論点について検討していく。そして、第5節では、本書で取り組む課題として取り上げる、技術者の転職意欲に影響を及ぼす要因に関して述べる。

3.1　転職に関する諸概念
3.1.1　転職行動

　本書における転職という用語は、先ほど言及した労働移動という用語を一部改変したものである。労働移動が労働市場における、労働力の産業間、職種間、企業間、地域間、国家間（国際労働移動）の移動を指すのに対し、

転職は、職業を変えること、あるいは職場を変えることを意味する。

　欧米の先行研究では、「転職」に該当する複数の用語が使われ、定義も少しずつ異なる。よく使われるのは「Turnover」で、個人と組織の関係が変化することを指し、組織内移動と組織間移動に大別される。従業員が1つの職場から別の職場への移動、あるいは1つのポジションから別のポジションへの異動（職位変動）は具体的な組織内移動の例である。それに対して組織間移動は、従業員が1つの組織から別の組織への移動を意味する。これらの変動に伴って、職種間あるいは産業間の移動などもある。すなわち「同一組織内であるかどうか」、「職務・地位の変更も含めるか」、「自発的であるか否か」の点において、転職の定義が異なる。

　もう1つよく使われているのは「Quit」で、研究範囲がより狭く、従業員が1つの組織を離れることを意味する。山本（2008）は、転職（turnover）と離職（quit）とは類似の概念であるため、両者は混同して用いられていることが多いと指摘した。その上で、転職は本人主導で異なる組織へ移ることを前提とし、地位の変化は小さいとする。一方、離職とは職業生活を終え、無職状態となることを前提としていることから、両者は厳密には異なる概念であると述べている。

　個人が合理的な意思決定を行なうとすれば、転職先を決めぬまま離職してしまうことや、現職に不満を抱いているのに転職を考えず現職にとどまり続けるということは、考え難いことであろう。言い換えると、この2つの選択肢は、全部自己の現状より高い効用を得られると判断できてから行なう行動である。離職するのは、将来の勤務先が分からなくても、今いる会社より効用が高いと判断するからで、同様に不満を持っていても現職にとどまり続けるのは、どこに勤められるか分からないから、転職よりも現職の方が、効用が高いと判断するからである。つまり、個人が今勤めている会社から離職するということは、単に今の会社を辞めるということだけではなく、将来転職をしてより良い会社への再就職を目指すということを意味する。したがって、個人の意思決定に着目する場合、離職の意思決定は転職の意思決定であると捉えることができる。

安藤（2011：200）は、「日本における転職とは職業を変えることや勤務先を変える転社の意味が強く、その慣用上の語義の再定義がなされないまま研究上用いられている」と述べている。本書では、日本の技術者を対象に分析を進めるため、転職とは、自発的で、個人の従業先の変化を伴う移動のことを指す。

　一般的に、転職は自発的な転職と非自発的な転職に分けられる（Bluedorn 1978; Price 1977）。自発的な転職とは自己の意志で転職をすることで、自己の能力の活用、労働条件、職場環境といった現在の仕事への不満など組織や職務が原因となるものと、結婚・出産・介護など個人的理由によるものがある。それに対して、非自発的な転職とは個人の意志によらないで転職することであり、それにも解雇や倒産など組織が原因となるものと、本人の病気など個人的理由によるものがある。

　Dalton et al（1982）では自発的転職は組織の従業員に対する評価によって機能的な（functional）転職と逆機能的な（dysfunctional）転職に分けられる。つまり、当該従業員に対する評価が高い場合の転職は組織にマイナスの影響を与えるため「逆機能的転職」とし、低い場合の転職は組織にプラスの影響を与えるため「機能的転職」としている。

　さらに、Abelson（1987）は逆機能的な転職を（組織が人的資源管理施策などによって）コントロール可能な（または避けられる）転職とコントロール不可能な（または避けられない）転職に分類する。前者は職務不満足の増大、計画的なキャリア・チェンジなどより良い労働環境を求めて行なう転職である。後者は配偶者の転勤、その他家族に関連する諸問題、病気など個人的原因による転職である。

　山本（2008）はリテンション・マネジメントの目的は転職全体でも自発的転職全体でもなく、自発的、逆機能的かつコントロール可能な転職であると主張している。日本でも自発的転職が多くなり従業員のキャリアや専門性が以前より重視されるようになってきた。特に、IT関係など一部の高い専門性が必要とされる分野では職務が自己の専門性と堅く結びついているため、それを変更するよりは所属組織を変更したいという志向性を持

つ従業員が増加していると指摘している。

3.1.2 転職意欲

ここで、本書で取り扱う転職意欲（Turnover intention）の概念を定義する必要がある。転職意欲とは、自発的に職を変える動機のことであり、転職動機の1つと考えられる。他者からするように強制（あるいは統制）されて仕方なくする非自発的転職と対置される概念である。

Takase（2010）は、転職意欲がどのように特徴づけられているのかについて包括的な分析を行なった。この分析の中で、転職意欲は心理的プロセス、認知的プロセス、行動的プロセスといった多段階のプロセスを含む概念であると述べている。Mobley（1982）は、転職意欲とは、従業員が現在の雇用主に雇われることをやめようとする自発的な意図であり、そして、それは何らかのきっかけで実際の行動に結びつく傾向が強いことを指摘した。つまり、転職意欲とは従業員自身の意志で組織を離れることを指す（Kuvaas 2006）。転職に関する研究は態度ではなく行動を従属変数として設定すべきであるという議論（Price 1989）も見られるが、転職意欲は転職行動の主要な予測因子として位置づけられている（Lee and Mowday 1987）。

本書では転職意欲を「今とは異なる組織に身をおいて職業生活を継続する」、すなわち、組織を変更したいという意志として捉える。ここでの「転職意欲」というのは転職行動を理解して、予測する有力な要因ではあるが、転職行動とは同一ではない。本書で扱うのはあくまでも転職意欲という意識の次元のものである。

その理由は3つ挙げられる。第1に転職行動と転職意欲の相関は中程度であることが報告されている（Steel and Ovalle 1984 ; Hom et al. 1992 ; Tett and Meyer 1993）。相関がそれほど大きくならない理由として、実際の転職行動は、不確実性の元でリスクがあり、経済的コスト、移転コスト（転居など）、心理的コスト（職場の人間関係の喪失）などを伴う大きな意思決定であるため、転職意欲を持った人が転職に至るまでには様々なハードルが存在することが挙げられる。したがって、転職した者を分析するより、転

職意欲を持つ者を分析することは、より純粋に転職という行為に影響を与える要因のみを検討できる。第2に、現在勤務している技術者の効用、仕事に対する満足などを構造化し、それと彼らの転職意欲との関係性を分析することは、技術者のより良い意思決定を考える上で、有効な示唆を与えてくれると考えられる。第3に、実際に転職した者を分析する研究は、転職したという事実を確実に抑えることができるという利点があるが、説明変数としての転職前の職務態度を測定するときに対象者の防衛メカニズムが働くという懸念がある。すなわち、転職の原因のほとんどを、組織の責任としてしまうことが考えられる。この傾向を除去するため意欲を研究する必要がある。

　先行研究では、転職意欲に関して、どのように測定されてきたであろうか。最も代表的な方法は複数項目のリカート尺度で測定するというものである。具体的な測定項目として、think of quitting、desirability of quitting、likelihood of quitting one's current job などの項目の合計点を転職意思とする研究や、同様に、think of quitting、intent to search、intent to quit などを採用した研究も見られる。

　最初に、転職意欲の測定方法を考案したのは Mobley（1977）である。Mobley によれば、転職意欲は、1）何度も考えて組織から離れたいと考えている、2）積極的に代わる組織を探している、3）可能であれば組織から離れる、という3項目より構成されている。

　その後、時間枠つまり転職までの期間などで設定した尺度も見られる。期間の設定は過去から将来までの多種多様である。例えば、6ヵ月以内、来年・数ヵ月以内、過去数ヵ月などが挙げられる。また、尺度における時期の設定は、どの程度の期間の後の転職意思を聞くことが、実際の転職行動の予測に結びつきやすいかという点と関係している。

　転職行動の損失評価に関して、Sagie, Birati and Tziner（2002）は、従業員の態度や行動を含む離脱行動（withdrawal）全体の損失評価モデルを提案した。このモデルは離脱行動構造の漸進モデルを理論の基礎として、様々な従業員離脱行動がもたらす損失を総合的に評価しようとするものであ

り、各種類の形式の離脱行動がもたらした損失を4つの部分に分けている。第1は未完成の仕事による直接収入の損失、第2は間接的な損失、第3はより深いレベルの離脱に転化する可能な損失、第4は新入社員の雇用やトレーニングによる直接損失。この全面的、多角的な評価方式は従業員離脱行動の損失評価に対して多大な貢献をもたらした。

3.1.3　技術系人材の組織内移動

　技術者は、一般的にプロフェッショナルと認識されているが、「医師」、「弁護士」、「公認会計士」といった古典的な免許制が設けられているプロフェッショナルとは異なり、免許制による入職制限が設けられず、企業という「非専門職組織」に所属するという点で、古典的プロフェッショナルと性質が異なる（西村 2015；太田 1993）。太田（1996）は、非専門職組織における企業内プロフェッショナルとは、「専門知識・技術を用いる業務に携わる者であり、しかもその仕事内容が一定の（外部）汎用性、完結性、自律性を備えている」であるとしている。

　日本では、組織内移動によって仕事の幅を広げていく傾向が強いため、組織内移動の効果について論じた研究も多い（加藤 2021）。日本企業は、技術者人材に対して、入職時の工場現場での集中的な教育訓練、研究開発部門以外の部門への配置転換、そして、ものづくりへの強いコミットメントなどを通じて、組織との一体感をできるだけ高める戦略を取ってきたのである。それが日本製造業の競争力の源泉であると指摘されている（Kusunoki and Numagami 1998）。

　青島（2005）は718名の半導体産業の技術者・研究者を対象に調査し、彼（彼女）らのキャリアデータを分析した結果、組織内移動も組織間移動も技術成果に対して負の影響を与えていることを示唆した。組織内移動が技術成果に負の影響を与えている理由は、「部門間を頻繁に移動する人ほど外部の技術情報から遮断される傾向にあること」、「キャリア初期段階で専門能力を身につける十分な時間が与えられていないこと」、「最初の移動までの年数が短いこと」であるとしている。一方、組織間移動が技術成果

と負の関係にある理由は、「頻繁な組織間移動を経験する技術者ほど、組織内部の人的ネットワークから遮断されていること」、「組織間移動の多い技術者は、内部人材との情報の連結が弱く、部門間ローテーションが少ないこと」であるとした。そして、青島は、昇進の早い技術者とはちがって、組織間を移動する技術者は、処遇に問題があることを指摘した。青島はイノベーションを促進するには、技術者の流動性や部門間ローテーションの両方が必要であることを認めるものの、技術者の移動がイノベーションを生み出すには異なる知識の融合を促すための組織マネジメントや処遇体系が重要となることを指摘している。

3.1.4 技術系人材の組織間移動

　アメリカに比べて日本企業の技術系人材の流動性は低いと言われている（蔡 2007；藤本 2005）。三輪（2017）は、459 名のソフトウェア技術者と経営コンサルタントに対するアンケート調査を分析し、知識労働者の組織内キャリア、組織間キャリアの特徴を以下のようにまとめた。即ち、第 1 に、知識労働者、特にコンサルタントにおいて、組織間移動はめずらしいものではないこと、第 2 に、組織間移動が増加する要因として、小さな組織、ノウハウの企業特殊性及び仕事の複雑・不確実性の低さが挙げられる、第 3 に、知識労働者の組織内キャリアでは専門性や管理を重視するキャリア志向が強く、組織間キャリアでは社会貢献や自律を重視するキャリア志向が強いこと、第 4 に、ソフトウェア技術者には経営管理志向が特に重要であるのに対し、コンサルタントには専門自律志向が重要である、と言う特徴を明らかにした。三輪の分析により、知識労働者のキャリア志向の意義が実証され、知識労働者は自分の意志に基づき、キャリアを形成していくことが確認された。そして、知識労働者のキャリア発達の実像がかなり明確になった。

　西村（2015）は、2009 年から 2012 年までの「賃金構造基本調査」の集計データをプールして利用し、プロフェッショナルにおける労働市場の流動性に関する仮説と、職種別労働市場での経験年数が賃金への影響に関す

る仮説を同時に検証した。その結果、企業内ホワイトカラー型プロフェッショナルと呼ばれてきたシステム・エンジニア、プログラマーの流動性上昇や賃金上昇における経験年数の効果を確認し、今後ますます組織間移動型へと移行する可能性が高いと結論づけている。一方で、企業内ホワイトカラー型プロフェッショナルのスキル形成に関して、依然として企業内OJTが重要な役割を果たしている。また、技能形成だけでなく、賃金構造も企業が定めた管理規則の影響を強く受けるため、労働移動が抑制されていると指摘している。

3.1.5　技術系人材の転職希望

　技術者の転職希望者（潜在的転職者）を把握できる公的な統計調査としては「就業構造基本調査」が挙げられる。同調査には就業継続希望に関する設問があり、有業者に対して「この仕事を今後も続けるか」という質問項目を作成し、「続けたい」、「他に別の仕事もしたい」、「他の仕事に変わりたい」、「仕事をすっかりやめてしまいたい」という4つの回答選択肢を設定している。また、就業者の職種について着目し、グループを区分している。有業者の転職希望者のうち技術者と回答した人を、技術系人材の転職希望者として捉えることができる。ただし、活用できる設問（データ）が限られるため、実態の詳細な分析は困難で、基本的には、年齢や性別、学歴、所得などの属性により転職希望者を分析し、その特徴や時系列での変化を把握するものが多い（宮崎2010；中田・宮崎2011など）。

　そのうち、宮崎（2010）は、「就業構造基本調査」の2002年と2007年の匿名個票を使って、専門的・技術職を取り巻く近年の動向、とりわけ雇用形態や労働環境、就業意識を中心に概観した。転職や就業休止を希望するようなネガティブな意識を持つ人の割合は、正規労働者で増加しており、正規労働者の労働量や報酬面での待遇の悪化傾向との関連性が示唆された。

　中田・宮崎（2011）は2007年の「就業構造基本調査」の匿名個票を用いて、過去1年以内に現職場に転入してきた技術者の転入職率を計算した。

そして、技術者の転入職率は他職種とほぼ同じ水準の７％程度で、日本の技術者の外部労働市場が未発達ゆえ、労働者のストック量に比べ転入職者が少ないと結論づけた。しかし、技術者を情報系技術者とその他技術者に分けた場合、情報系技術者は情報系技術者を除く一般の技術者の２倍も転入職率が高く、外部労働市場の発展の度合いが高いと指摘している。

3.2 技術系人材の転職意欲に関する先行研究

前節では、転職に関する研究でいわば被説明変数に相当する転職意欲の概念、及び関連する諸概念をごく簡単に整理した。本節では、転職意欲に焦点を当てた国内外の先行研究のレビューを行ない、転職の意思決定に影響を与える要因として、どのような点が取り上げられてきたのかを整理する。アメリカでは、プロフェッショナルである技術者の転職が数多く研究されてきた。したがって、本節では、このプロフェッショナルを対象とした先行研究も含めてレビューを行なう。

3.2.1 経済学的アプローチ

経済学において、転職の意思決定を説明する理論として、最も標準的なのは期待効用理論である。期待効用仮説によれば、転職の意思決定は、転職により得られた純便益の現在価値と転職コストを比較して行われる（Weiss 1984）。すなわち、このまま現在の会社に残り、今後期待される効用と、現在の会社をやめて、他の会社で働くことにより期待される効用と比較して、他の会社の効用のほうが大きいと判断すれば、転職に踏みきることになる。転職により得られる効用を評価する指標としては、報酬、教育訓練（人的資本）と労働市場が挙げられる。

報酬の主な構成要素は現金収入であるが、現代社会という背景の中、特に大手企業では、企業競争力の向上を図るため、現金収入以外の福利厚生の部分にも様々な工夫を入れているのが事実である。したがって、福利厚生も意思決定の計算に含まれる。経済学的アプローチの根底にある命題は、現在の会社で高い給与（効用）を得ることができれば転職確率が下がると

いうものである。

　労働市場とは、経済における需要と供給の相互作用によって形成されるものであり、他の会社における雇用可能性、魅力、達成可能性を意味する。雇用可能性とは、主に外部の機会の数を意味し、魅力とは、そのような機会の賃金レベルによって定義され、達成可能性とは、従業員がその仕事に必要なスキルを持っているかどうかを意味する。したがって、従業員の視点から見ると、「良い」労働市場とは汎用性のあるスキルを持っている従業員の給与が高い仕事が数多く存在することである。このような状況では、転職確率が高くなるはずである。

　そして、教育訓練の重要性は、報酬と労働市場の両方の要素に関連している。従業員が企業特殊的な知識やスキルを持っている場合、その従業員を定着させることで、組織の生産性が向上する。企業の特殊スキルを高める「特殊訓練」の費用は従業員が負担することが多いため、この投資は従業員に高い報酬を支払うことで保護され、その結果転職確率が下がる可能性は高くなる。一方、一般的なスキルを高める「一般的訓練」は、新しい仕事の状況への適応も可能にするとも考えられ、他の雇用主にとっても魅力的なものとなる。通常、「一般的訓練」は雇用主が負担しない。したがって、一般的訓練を受けた従業員は、転職する可能性が高くなると考えられる。言い換えると、同じ教育訓練でも、「特殊訓練」「一般的訓練」といった訓練内容の違いにより、転職の意思決定に対する影響は全く異なるのである。

　新古典派アプローチは、今でも経済学のパラダイムとして支配的であるが、これを批判的に議論する研究が増えつつある。特に転職の意思決定に関しては、内部労働市場の考え方が注目されている。後述するように、内部労働市場は、昇進の階層があり、エントリーは下位のポートに限定され、知識と責任の増加に基づいて昇進する場合に存在する。このような市場は、従業員の離職を抑制するために雇用主によって合理的に作られると言われている。

　経済学的アプローチで、プロフェッショナルの転職の意思決定を検証し

た研究は、主に賃金変化が転職の意思決定に与える影響を検討する研究（岸田・谷垣 2008；山田・石井 2009；花岡 2009；山田 2009；Cao, Chen and Song 2013）や、能力開発が転職意欲に与える影響を分析している研究（藤井 2003；石山 2011；貴島・高野 2020）など、多くの研究が行なわれてきたが、ほとんどの研究は医療プロフェショナルを分析対象としたもので、技術者を対象にした研究はまだ少ない。

　Cao, Chen and Song（2013）では総合報酬の要素として、賃金、福利厚生、ワークライフバランス（WLB）、業績評価、能力開発やキャリアパスの5つが、技術者のコア人材の転職意欲と有意な関連があることが示されている。Cao, Chen and Song（2013）でも検討されている賃金・給与の影響に関しては、Sun（2011）においても着目されており、給与の満足度の高さが転職意欲に与える影響は大きいと言える。

3.2.2　社会学的アプローチ

　経済学的アプローチでは、個人が獲得した情報に基づき、合理的な行動をすることによって経済現象を説明するに対して、社会学的アプローチでは、社会構造や社会的状況、社会的関係、社会的諸ルールに制約されたり、資源を得たりする存在として行為主体を捉えるところに、経済学との差異が存在する。

　社会学では、雇用主の変更を伴う労働移動や職業移動の様態を社会階層、社会関係（ネットワーク）との関連において把握する研究を中心に進められている（Fligstein 2001；Dobbin 2004；Granovetter and Swedberg 2011）。日本においても、社会階層と社会移動に関する研究の歴史は長い。日本では、「社会階層と社会移動全国調査」（SSM 調査）があり、1955 年から調査し始め、10 年ごとに調査が行なわれ、その研究成果が膨大に蓄積されている（安田 1971；富永 1979；直井・盛山 1990；近藤 2000；石田ほか 2011）。小川（2013：2）は日本における労働市場の社会学を、「労働力の需要者（雇用主や使用者としての組織や個人）と供給者（労働者や求職者としての個人や集団）の賃金あるいは報酬、並びにマッチングをめぐる社会構造や社会的

状況、社会的関係、そして市場構造のメカニズムに関する研究」と定義している。

　報酬、教育訓練、労働市場といった経済学者が使った指標は、全て社会学者の分析モデルの一部であるが、社会学的アプローチは、なぜ個人が特定の雇用先を離れ他の雇用先に移るのかを説明するのではなく、個人間や組織間、あるいは個人と組織との関係のあり方に焦点を当てて、労働移動を説明している。

　社会学的アプローチでは、報酬は、組織がその規則や規定の遵守を動機づけるために使用する管理システムの一部であると考えられている。報酬以外の動機づけとなる要素の例としては、仕事そのもの、権力の共有、結束力のあるチーム、同僚との関係などが挙げられる。また、社会学者は、労働市場が社会において他の組織によって構造化された存在であることを強調している。それゆえに労働市場は転職の重要な環境的要因となっている。経済学者と同様に、社会学者も組織の昇進構造に関心を持っており、内部労働市場の構造についても同様である。一方、教育訓練は、社会的移動性の観点から、人々が自分のキャリアを深めるために行なう投資として重要視されている。

　社会心理学においては、満足度とコミットメントの2つは、上述したような構造的要素と転職意欲の間に介在する重要な変数と見なされている。一般的に、社会学者は満たされた期待を直接的に扱わないが、経済学者と同じように、従業員は、自分の仕事に対する合理的な高い報酬を期待していると考えている。

　プロフェッショナルの就業構造について研究したのは藤本（2005）である。藤本は専門的・技術的職業従事者を対象に、彼らの賃金構造、相対賃金、転職状況、キャリアパスを職種間比較、国際比較を交えて検討した。専門的・技術的職業従事者が、より良い処遇を求めて頻繁に転職を行なう傾向にあるのかについては、企業規模、学歴、職位、職種によって結果が異なる。最も転職しないのは大企業に勤める大学、大学院卒者、管理職と専門職である。日本の研究者・技術者などの専門職は製造業の大企業にあ

る研究開発部門で働くことが多いため、処遇がよくない場合も、日本の科学技術系専門職はあまり転職を行なっていない可能性が高いと述べている。その理由は、高学歴者たちにとって、転職することによる所得や処遇、所属組織の社会的地位などの経済的、社会的報酬は大きな影響要素で、それらの上昇が見込めないと、転職に繋がらないからである。つまり、転職しない方の利得が見込める社会では、もともと社会的に優位にある人々は動かないことを選択し、その結果として、上記調査のように、組織に依らない専門性を有している人々の流動性が停滞するのである。日本の専門職は内部労働市場型の社会に組み込まれ、転職が非常に行ないにくく、企業間だけではなく、公的セクターと産業セクター、そして大学セクター間の流動性も非常に低いと結論づけられている。

3.2.3　心理学的アプローチ

　組織・産業心理学者は、組織の中の人間心理に注目する。心理学的アプローチで、従業員の転職の意思決定を検証した研究では、主に意思決定への参加や規範の形成、組織、援助行動などを検討し、モチベーション、社会的パワー、感情などが転職意欲に与える影響を分析している。意思決定への参加によれば、従業員は、組織がどのように運営されるべきか、組織が自分をどのように扱うべきかという期待（志向性）を持って組織に入る。これらの期待が満たされないと、従業員の仕事の満足度や組織コミットメントのレベルが低下し、従業員は退職してしまう。

　経済学者の費用対効果の視点は、心理学的アプローチにも現れているが、通常は報酬と罰の観点から概念化されている。例えば、経済学者は全ての従業員が良い給料を期待していると仮定するが、心理学者は給料に対する期待値の個人差を重視し、同じ職場で完全に同じ仕事をする従業員は同じ給料を受けても、それに対して、喜ぶ人もいれば、不満を抱える人もいるとする。心理学的アプローチでは、労働市場や限られた範囲での教育訓練も考慮されているが、これらはこの伝統の礎ではない。

　転職の意思決定を心理学的に概念化するもう１つの方法は、組織コミッ

トメント研究に関連するものである。これらの研究では、組織コミットメントが他のコミットメントや職務満足感よりも離転職を予測できる、また、組織コミットメントを高めることが組織成員のパフォーマンスや生産性の向上、欠勤や遅刻の減少と関係することに重点を置き、組織コミットメントをより高揚すると思われる要因を特定している。

　一方で、高橋・渡辺（1995）はコミットメントのような心理的要因研究の欠点を以下のように述べる。第1に、組織コミットメントあるいは職務満足は、それ自体が様々な変数の結果指標となっている。心理的要因を態度的要因、転職意思を結果とする因果モデルを想定した場合、規定変数がモデルに含まれなければ、他の要因からの統制不能な影響が強くなる可能性がある。第2に、組織コミットメントのような心理的要因は、本質的に組織において、個人によって長期にわたって形成される、という特徴を有する。

　心理学的アプローチにおいて、仕事そのものに関することや個人属性に関することなどの、心理的要因についての実証研究も見られる。McKnight, Phillips and Hardgrave（2009）は、職場環境特性や仕事特性がIT技術者の転職意欲に有意に関連していることを示した。仕事特性に関わる要因として他にも、Calisir, Gumussoy and Iskin（2011）が、役割葛藤や役割曖昧性といった仕事ストレスに着目し、それが組織コミットメントや職務満足を介してITエンジニアの転職意欲に影響を及ぼすことを確認している。

　以上のように、技術者と言うプロフェッショナルの転職意欲に影響を与える要因は、経済学的アプローチ、社会学的アプローチや心理学的アプローチと多岐にわたって検討されている。そこで、次節では、日本の技術者の労働市場の構造特性を考慮し、転職の意思決定にあたって具体的に問題となる点に関して考察する。

3.3　労働市場構造の特性と転職意欲の関係

　近年、日本の労働市場における構造の変化に強い関心が向けられている。意思決定理論の経済学的アプローチにおいても、社会学的アプローチにお

いても議論したように、労働移動は労働市場の質・構造と密接に関連すると考えられている。したがって、技術者の転職の意思決定に影響を与える要因が労働市場の流動性によって異なるのかを検討する必要がある。

　内部労働市場と職業別労働市場の違いを決定づける要因についての定説はないと言われるが、西村（2015）によると、入職要件、スキル獲得のための訓練の特徴、スキルの汎用性、そしてスキルの特殊性に起因する労働移動と賃金上昇の傾向などについては、それぞれの典型的な特徴がある。本節では、技術者の労働市場の特徴として、入職要件、技能獲得のための訓練、スキルの汎用性、スキルの特殊性に起因する労働移動と賃金上昇の傾向について論じる。

（1）入職要件

　まず、入職要件について見ると、西村（2015）は、医師、看護師、薬剤師など、入職に際して免許取得が義務付けられている伝統的なプロフェッショナルに対して、自然科学系の企業内研究者、システム・エンジニア、プログラマーといった新しいプロフェッショナルでは取得可能な資格や学位が存在しているが、こうした資格・学位の取得は入職に当たって義務づけられていないため、スキルの水準を証明する指標が十分に機能していない可能性があり、その結果、組織間移動の頻度も低いと指摘している。

　藤本（2013）は、日本の製造業の科学技術系の専門職は、内部労働市場の中、「社員」として、他の職種と類似した給与体系の中で長期勤続しながら昇進すると指摘している。日本の科学技術系の専門職のほとんどは、新卒採用で入社した後、内部労働市場の中で、長期雇用を想定し、同じ企業の中で社内異動を繰り返しながら、研究職、開発職、管理職（または上級研究職）などと職種変更をしていく。事務職などとは異なり、技術者用の管理職か上級研究職かを選択できる専門職制度を持つ企業も多いが、年齢限界規範（自然科学系研究者・技術者のピークは35歳前後だと言われている）が根強い日本では、専門職制度は実質的に有効に機能していないと指摘している。そしてこれらの研究者・技術者の給与も「社員」として、他の職

種と類似した給与体系の中で、社内で相対的に処遇が決定される、と述べている。

(2) スキル獲得のための訓練の特徴

　樋口・戸田（2005）は、「慶應義塾家計パネル調査」と「消費生活に関するパネル調査」を利用して、企業による教育訓練を受けるかどうか、その教育訓練の期間、頻度、費用負担と教育訓練受講後の処遇の変化や転職などの情報を詳細に分析した。その結果、企業による教育訓練の受講割合について、男女差、勤続年数差は存在しないとしている。また、教育水準別受講率については男性では差が見られないが、女性では高学歴ほど教育訓練を受講すること、労働者は企業就職時だけでなく、その後も繰り返し訓練を受講していることを明らかにした。就業形態別では、近年になるにつれ、パートタイム労働者に対し、企業は教育訓練をほとんど実施しなくなっており、訓練は一部の人に集中的に投資されていることから、日本企業がコア人材に対して集中的に投資するようになってきていることを指摘している。

　このような教育訓練の内容を見ると、一般的スキルの性格が強く、特に「転職しても今と同じ職種・仕事内容ならば活用できる」と答える回答者が企業による教育訓練を受講した約半分を占め、日本企業では一般的スキルについての投資が多いことを明らかにしている。

(3) スキルの汎用性

　樋口・戸田（2005）は、企業による教育訓練が労働者のその後の離職に与える影響についても分析を行なった。女性労働者に限定した分析結果では、1997年以降の推定では教育訓練を受けることで離職率が下がることを確認した。しかし1994年から1996年までの推定ではその結果は得られなかった。

　村上（2003）は、経済学的視点で労働市場に関する経済理論と労働移動に関する調査データを整理した上で、技術者の労働移動と労働市場に与え

る影響を分析し、今後の技術者の流動化の可能性を論じている。同研究では、日米の製品戦略及び製品開発システムの違いによる日米技術者の移動とその労働市場に与える影響を比較している。この比較研究から、アメリカでは組織内分業が徹底しているだけではなく、特にシリコンバレーの企業では、企業間分業も徹底しており、技術は企業特殊的というよりも産業特殊的であるために労働市場が流動化しやすいのに対して、日本ではコーディネーションが重視され、研究開発の各フェイズがオーバーラップして作業が進められるため、分業の程度が低く、労働市場が流動化しにくい、という結論が導き出された。さらに日本では、民間への転職より大学や国立研究機関への方が転職者の割合も高く、中途採用を多く行なっていることも示した。また、国立研究機関への転職は、より良い研究環境を求め、幅広い研究の自由度等が得ようとするポジティブな理由が多いが、民間企業間の転職は、スカウトが行なわれるのでない限り、前の勤務先の問題が転職理由の中心になり、不満に後押しされた形の転職が行なわれることが多いことを指摘している。

(4) スキルの特殊性に起因する労働移動と賃金上昇の傾向

　企業による教育訓練がその後の賃金変化（賃金上昇率）に与える影響は存在するかについて、樋口・戸田（2005）は同じ女性就業継続者に限定して分析を行った。1年後までの賃金上昇率は1997年から1999年のサンプルでは有意に、2年後までの賃金上昇率は2000年から2002年のサンプルでは有意に、企業による教育訓練を受講することで受講しない場合に比べて賃金上昇率が高まることが分かった。しかし、男性労働者や転職者を対象にした分析は行なわれていない。

　転職後の賃金プロファイルについて分析した研究としては、勇上（2001）が挙げられる。若年期についての推定結果を図示したグラフでは、製造部門・技能職では転職者より生え抜きのほうが年齢−年収プロファイルの傾きが急であるのに対し、研究・技術・情報系および製造部門専門・技術職では生え抜きよりも転職者の方が年齢−年収プロファイルの傾きが急に

なっており、転職がその後の賃金に与える影響は仕事の性質によって異なる可能性が示唆されている。しかし、転職した年齢によって賃金プロファイルの傾きが異なる可能性についての分析は行なわれていない。

　樋口（2001）は、「雇用動向調査」の個票データを用いて職種間移動による賃金変化について分析を行なっている。その結果、賃金低下率が低いのは、前職が「運輸・通信職」、「生産工程労務作業者」、「保安職」、「専門的技術的職種」であった人、賃金低下幅は大きくなったのは、「事務職」や「管理職」で、これらの転職コストは高いことを示している。

　西村（2015）は、「賃金構造基本統計調査」の集計データを用いてプロフェッショナル労働市場の賃金構造と労働移動の特徴を明らかにした。分析結果として、1）企業内ホワイトカラー型プロフェッショナルと比べて医療プロフェッショナルの流動性のほうが高いこと、2）企業内ホワイトカラー型プロフェッショナルのうち、研究開発者の中では賃金上昇に最も影響する要素は年齢で、これに対して、システム・エンジニアとプログラマーの中では賃金上昇に最も影響する要素は職種経験年数であること、3）医療プロフェッショナルのうち、薬剤師と看護師の中では賃金上昇に最も影響する要素は職種経験年数であるのに対して、医師の中では賃金上昇に最も影響する要素は年齢である。つまり、職業別労働市場の中で年功賃金が成立している可能性があることなどを明らかにしている。

　以上の通り、技術者の労働市場のフレームワークを考慮した。転職の研究は多いものの、「専門・技術職」「研究・技術者」や「研究開発職」といった職種大分類にとどまり、職種の詳細に着目している研究は西村以外に見当たらない。

3.4　技術者の転職意欲についての課題整理

　第2節では、転職の意思決定理論に関する基本なアプローチと関連する実証研究について概観した。しかし、第3節で整理したように、労働市場の中で、技術者が転職の意思決定をすることを念頭に置けば、先行研究の分析枠組みは必ずしも十分なものではない。本節では、技術者を対象に、

労働市場構造の特性を考慮した上で、「期待賃金」、「スキルの汎用性と人的資本投資」、と「仕事特性」という3つのキーワードから、技術者の職場はどのような状況にあるのかを整理し、技術者の転職の意思決定に関して検討が必要な論点について考察する。

3.4.1　期待賃金

　これまで見てきたように、経済学的アプローチ、社会学的アプローチ、心理学的アプローチでは、現職の所得の効用が高いほど、転職確率が低くなると論じているが、実証分析の結果、賃金あるいは賃金の相対値、賃金に対する満足度の高さは、転職の意思決定に対する影響において、一致した結果は得られていない。労働経済学において転職や賃金上昇について説明する理論として、ジョブ・マッチング理論と人的資本理論の2つが挙げられる。人的資本理論に従えば、一般的人的資本は転職しても価値は低下しないが、企業特殊的人的資本は価値が低下し、転職する場合に役に立たないと指摘されている。人的資本の大きさが転職の意思決定と強く関連することを示唆する先行研究においては、いずれも転職前後の賃金変化から職種間の転職コスト（職種的人的資本の損失）の違いを比較し、職種特殊的人的資本の大きさを推定する手法を用いる。しかし、ジョブ・マッチング理論に従えば、転職によって仕事とのマッチングが良くなれば賃金が上昇すると考えられる。したがって、期待賃金と転職の意思決定との関連を検討する際に、スキル形成に関わる要素からの分析と、仕事とのマッチング分析を合わせて行なうことが求められる。

3.4.2　スキルの汎用性と教育訓練

　本書の第2の論点として、スキル形成に関わる要素のうち、特にスキルの汎用性と教育訓練に関する点が挙げられる。先行研究で整理したように、スキル向上に向けた教育訓練を、投資費用の負担者によって、企業が費用を負担する能力開発と、技術者による自己啓発に分けることができる。技術者の立場に立つと、彼らがスキル形成に投資する理由は、人的資本が蓄

積されると生産性が向上し、その結果、賃金が上昇する可能性が高くなるからである。しかし、事はそう簡単ではない。技術者の場合、技術革新の速さにより技術の陳腐化が生じると、このような技術に対してスキル獲得に投資する意欲は生じにくくなるだろう。また、他社では通用しない知識やスキルは、企業特殊的な人的資本と見なされ、転職の際に不確実性が高くなる。したがって、技術者が、自ら知識とスキルに基づいてキャリア形成を図っていくためには、外部からのアセスメントに耐え得るだけのスキルを身につけ、社会に向けてそれらの存在価値を高めていくことが重要になっている。言い換えれば、労働市場が必要とする専門的なスキルの内容を誰の目にも明らかにし、会社による能力開発を通して、また自己啓発を通して、これらのスキルを身につけることにより、自らのキャリア形成を図っていけることが求められているのである。

3.4.3 仕事特性

　今までの議論では、労働の効用のほとんどが所得（賃金）の効果によって説明されている。しかし、多くの実証研究では、労働に所得以外の効果（非金銭的な効果）が存在する可能性が示唆されている。なお、労働の非金銭的効用に該当すると考えられる要素は仕事そのもの、職場環境、健康問題、そして家庭との両立に分類することができる。本書の第3の論点は、仕事特性に関するものである。技術者を含めたプロフェッショナル研究の多くは、彼ら独特の職務態度について議論してきた。Herzberg（1966）は、技術者と会計士を対象とした職務モチベーションの代表的な研究と言える。これは自律性（仕事のペースや方法の決定）や多様性、職務自体の重要性などの職務特性とモチベーションや離転職の関係を検討したものである。技術者は一般に仕事を通じた成長への欲求が高いので、職務特性の動機づけ効果は高いとされている。

　三輪（2001）では、ソフトウェア技術者を対象に、プロフェッショナルとしての仕事の特徴やキャリアを分析した。ソフトウェア技術者の仕事について、情報技術の専門知識だけでなく、その他の関連知識や文脈的知識

を駆使して働いていることが示されている。例えば経理の情報システムを構築するソフトウェア技術者は、情報技術だけを知っていても仕事を遂行することができない。経理に関わる基礎知識や業務フローを理解してはじめて、有効なシステムを構築することが可能となる。つまり、ソフトウェア技術者は幅広い、あるいは学際的な知識を用いて働いていると言えるのである。また同時に、ソフトウェア技術者の仕事は多様でもあり、システム分析などのシステム開発の上流工程はかなり複雑で高度な仕事であるが、プログラミングなどの下流工程の仕事には定型的な作業も多く含まれている。複雑なシステム開発は分業によって行なわれることが多く、それを成し遂げるためには、他者との良好な協働関係を構築しながら、自分のペースで働くことが求められるようである。

3.5　本書で取り組む課題

　以上簡単に述べたが、（技術者の）転職の意思決定には理論、実証の両面で体系的な枠組みが存在するわけではない。そのような問題がありながらも本書で転職の意思決定研究の整理を試みる理由は2つある。第1に、たとえ個々の研究を統一的に捉える枠組みが存在しない、あるいは曖昧であるにしても、転職の意思決定の研究と呼べる先行研究は長い間蓄積されているため、それらの知見をまとまることは有用であると考えるからである。意思決定理論にとどまらず、労働市場の社会学や心理学の分野においては、社会階層の変化、ネットワーク、仕事満足度が検討されている。それぞれの分野における知見を整理することは、今後の研究のためにも意義のあることであろう。技術者の転職の意思決定の研究を系統的に取りまとめたものは少なく、近年の研究成果の整理も含めて意味のあるものであると考えられる。

　第2に、本書の問題関心と直接結びつく点である。知識社会が喧伝され始めた1990年代以降、日本のみならず、欧米など諸外国では、技術者の能力限界感が問題視されている。この場合における能力限界感とは、個々の技術者が能力発揮に対する自信をなくし成長が停滞していることを示唆

し、多くの研究はその主たる要因として教育訓練に着目している。そのような状況で先行研究が問うているのは、停滞状態にある技術者の成長は、その後のキャリア発達にいかなる影響を与えるのかということである。この問いは決して新しいものではなく、それまでの能力・スキルがその後のキャリア発達の基本となるのかという問いである。成長が停滞状態にある技術者がいかにしてその状態を解消するのか、その際に生じる自信回復や将来への期待形成には、何が影響しているのか、という問いは、技術者の意思決定の基本となる問いの応用形であるとも言えるだろう。そのため、これまで蓄積されてきた転職の意思決定を中心とする先行研究の整理は、重要な基本作業の1つとして位置づけられる。

　以下では、これまで見てきた先行研究を踏まえて、技術者の転職の意思決定に影響を与える要因について考察し、研究課題の設定を行なう。

　先行研究から、技術者の転職意欲に影響を及ぼす要因はほぼ共通していることが確認できた。共通の要因とは、賃金水準という金銭的労働条件や仕事・職場環境・経営との関係などの非金銭的労働条件への不満、家族や職場の同僚さらに職場の上司といった身近な人たちとの関係などである。これらの議論に基づき、技術者の金銭的効用、非金銭的労働条件への満足・不満足、転職のコストが転職の意思決定に及ぼす影響を明らかにすることを、本書の第1の研究課題に設定する。

　第2の研究課題として、労働市場の流動性によって技術者の転職意欲に影響を与える要因に違いが見られるのかについて検討したい。先行研究は大分類レベルの職種による分析にとどまっており、それでは、「専門・技術職」の職種内の差異は分からない。大分類で同じ職種であっても、小分類による細分化をしていくと、仕事の特徴が異なり、職務特性による職務の態度が異なることがある。今日の技術者のスキル活用において着目すべきは、こうした「専門・技術職」といったプロフェッショナル職の同一職種内の差異であり、これらを踏まえた分析が必要だと考えられる。

　そして、第3の研究課題として、藤本（2012）の研究で指摘されたように、社会的流動性が異なる社会で、社会的優位にあると考えられる専門職がど

のような状態にあるのか、それぞれ低流動性社会、高流動性社会で起こっている現象は異なるのか、すなわち、日本のソフトウェア技術者とアメリカのソフトウェア技術者では個人レベルにおける転職の意思決定で違いが見られるのか、どうかについて考察する。

　先行研究の多くは、2000年代前半までのデータを使用しているため、近年の技術者が就く職務の変化や各種労働制度の拡充の効果が検討されていない。また、転職の意思決定に関する研究では、観察されないスキルが賃金の上昇、転職コストなどの欠落変数との相関が生じる問題が指摘されている。したがって、第4の研究課題では、最新のデータを用いて、こうしたスキルに関わるバイアスを考慮した分析を行なうことによって、転職による期待賃金の上昇が、技術者の転職意欲に与える効果を明らかにする。

第4章 転職の意思決定の理論的フレームワーク

　本章では、第3章で設定した4つの研究課題に対応する分析枠組みを構築するために、第1節で本書が依拠する理論群のレビューを行なう。レビューにあたってはまず、技術者の転職意欲を捉える概念として効用に着目する。次に、効用最大化モデルに関連する理論群のレビューを通じて、期待賃金の上昇、人的資本投資、仕事とのマッチングが転職意欲に及ぼす影響の検証モデルを構築する。具体的には、人的資本理論、ジョブ・サーチ理論と、ジョブ・マッチング理論を用いて枠組み化を試みる。そして、第2節では、技術者の転職の意思決定を効用最大化問題として定式化する。それを踏まえて、第3節では理論モデルに対応する仮説を導出する。第4節では、本書の実証分析で使用する調査データの概要を示す。

4.1　研究の理論的枠組み
4.1.1　効用最大化問題

　経済学において、個人の選択行動（転職の意思決定）を説明する理論は多く存在するが、代表的なものは、個人による合理的意思決定を想定する効用最大化モデルである。ここで言う、効用（utility）とは、経済学においては、「満足」を表す概念である。労働者が労働を提供すると決定する際には、「効用を最大化する」ことを求めて選択すると考えられる。

　労働供給者である個人は、与えられた賃金率のもとで、所得と余暇（仕事以外の時間）について効用（満足度）を最大化するように、労働時間（仕事の時間、同時に仕事以外の時間も決定される）を選択するというのが基本的な考え方である。つまり、効用に影響を及ぼすのは、所得と余暇時間で

ある。一般的に、従業員は所得が高いほど、余暇時間が増えるほど満足し、現在の会社で継続就業すると考えられる。しかし、所得を高めようとすると労働時間も長くなり、余暇時間は減ってしまう。ここに、所得が高い分だけ満足度は高くなるが、同時に自由な時間が減る分だけ満足度は低下するという、所得と時間のトレードオフ問題が発生する。

　一方で、多くの場合、企業が実際に提示する雇用機会には、既に労働時間（残業時間を含めて）が定められており、労働時間を選択する自由が労働者に与えられているわけではない。その意味で、本書の問題意識に基づけば、転職による賃金上昇は、技術者の転職の意思決定の際の最も重要な規定要因であると考えられる。

　Mortensen（1988）は転職と転職先の金銭的格差が転職意欲に与える影響について最も標準的なモデルを示している。転職の意思決定をする際に、労働者はより高い所得を求めるだけでなく、移動のためのコストも負担し、長期に渡って利益を求めることを目的とする。従って、転職の意思決定は、自分の利益を実現するために動く行為であり、将来収益の割引後のリターンがコストよりも高くなければ、労働者は転職の意思決定をしない。言い換えると、転職の意思決定は、他の条件が同じであれば、ある制約のもとで賃金収益を最大化するための行動である。

　一方で、Lévy-Garboua, Montmarquette and Simonnet（2007）は転職の意思決定において、非金銭的効用も考慮に入れて分析を行ない、金銭的な効用だけでなく、非金銭的効用の重要性も明らかにした。Lévy-Garboua, Montmarquette and Simonnet（2007）が、これまで経済学の文脈において捉えられていなかった非金銭的効用を組み入れることで既存研究を拡張したことは、本書が見習うべきところである。

4.1.2　賃金上昇に関する理論①：人的資本理論

　労働経済学では転職と転職による賃金変化の関係について説明する理論として、少なくとも、人的資本理論とジョブ・サーチ理論の2つがある[5]。
　人的資本（Human Capital）は、Schultz（1960）によって提唱された概念

であり、Becker（1964）、Mincer（1974）によって理論化された。人的資本理論とは、人々が教育や訓練へ投資を行なうことにより、知識や技能などの資本を形成し、自らの生産性を向上させることで、長期的な利益を享受することができる、とする考え方である。すなわち、人的資本の上昇を通じて従業員の生産性が向上するため、賃金が上昇すると説明する。

　Becker（1964）はこのような人的資本を、「一般的人的資本」と「企業特殊的人的資本」に分けた。一般的人的資本は、どこの企業へ勤めたとしても生産性を高めることができるような知識やスキルであるのに対して、企業特殊的人的資本は、特定の企業でのみしか活かせないような知識やスキルのことを指す。従って、転職する場合、一般的人的資本は転職してもその価値は低下しないが、企業特殊的人的資本は、その価値が低下し、転職する場合、企業特殊的人的資本の損失分だけ賃金上昇は減少する。

　これらの人的資本を高めるための学習活動、例えば、通常の学校教育、入社後の教育研修などは教育訓練である。教育訓練を受けることは、金銭や時間などのコストがかかる。教育訓練の費用負担から見ると、勤務先の指示・命令によって、勤務時間内に、勤務先がコストを負担して行なう能力開発は企業内訓練という。企業内訓練は、普段の仕事をしながら学習すること（on the job training：OJT）と、普段の仕事から離れて訓練すること（off the job training：Off JT）に分けることができる。

　完全市場においては、一般的人的資本はどの会社でも活用できるため、もしある企業が一般的訓練を従業員に行ない、従業員が一般的スキルを身につけた場合、それはどの企業でも役立つスキルであるから、外部企業もそのスキルを織り込んだ賃金をオファーする。訓練企業も同様に生産性の上昇に見合った高い賃金を支払わなければ、その従業員に離職されてしまう。つまり、一般的スキルを身につけた従業員は訓練企業で働き続けても、転職した場合でも、訓練前より高い賃金を獲得できることになる。そうす

---

[5] 戸田・馬（2005）によると、賃金のレベルを説明するその他の理論としてLazear（1979）のインセンティブ仮説、Shapiro and Stiglitz（1984）を嚆矢とする効率賃金仮説などがある。

ると、訓練のリターンを受け取れるのは従業員だけとなるので、企業は一般的訓練のコストを負担するインセンティブをもたず、労働者がコスト負担をすることになる。一方、企業特殊的人的資本への投資は、労使双方にとって単独で、費用を負担するインセンティブはないため、長期雇用を前提として、双方が費用を負担し合うことが合理的である（赤林 2012）。

　従業員が、自分の意思で、就業時間外に自身で費用を負担し、今の仕事やこれから就きたい仕事に関わる学習を行なうことを、自己啓発という。自己啓発には、本やインターネットを通じて自習をしたり、通信教育を受講したり、専門学校や各種学校の講座を受講すること等が含まれる。また、人的資本蓄積を効率的に進めることを考えると、会社は従業員の自己投資を引き出すような制度・組織設計等の工夫をする必要がある（加藤 2009）。

4.1.3　賃金上昇に関する理論②：ジョブ・サーチ理論

　本節では、賃金が経験年数や勤続年数とどのような関係にあるかを予測するジョブ・サーチ理論について述べていく。サーチ理論は従業員が期待賃金を最大にするように行動することを前提にする。野坂（2014）は、ジョブ・サーチ理論の文献の一部を概観し、従業員による企業情報の観察可能性、情報収集可能な企業数、求職方法の違い等を比較した。野坂は、Mortensen（2003）、Rogerson et al.（2005）、今井ほか（2007）の論文で、会社の賃金提示やその後の理論的な進展について包括的にサーベイを行なった。また、Wolthoff（2020）は、求職先の数などによりモデルを分類し理論モデルを概観している。彼らの研究により、従業員は、現在の会社で受ける賃金を、他の会社により提示された賃金と比較し、現在の賃金を上回る可能性が高い場合、転職することを選ぶことが明らかになった。さらに、賃金上昇と勤続年数、経験年数との関係を説明するだけではなく、サーチ理論は転職が賃金と経験年数と勤続年数とどのような関係を持つのかについても説明を試みる。すなわち、労働者の転職の意思決定は賃金の現在価値と期待賃金の大小関係に基づいて行われるとする。

　ただし、ジョブ・サーチ理論では、会社が提示する賃金は従業員間で同

一であると仮定し、従業員と仕事との相性についての議論はなされていない。

4.1.4　賃金上昇に関する理論③：ジョブ・マッチング理論

そうした議論とは異なり、Johnson（1978）は、仕事と自分の相性の不確実性がどの程度仕事の選択に影響を与えるかに、研究の重点を置いた。Jovanovic（1979）では、従業員の資質と会社の求める資質が合致しない時には、転職することが当該従業員にとっても、会社にとってもより望ましいことであると指摘されている。

ジョブ・マッチング理論は、労働市場に摩擦や情報の非対称性が存在する場合、人的資本の蓄積なしに、転職を通じて賃金が上昇しうることを主張する。職とのマッチングが良いほど、その従業員が現職に止まり、勤続年数は長くなる。また、知識・技能を十分に発揮することができるため、生産性は高まり、結果として賃金も高くなる。一方、マッチングのうまくいっていない従業員は転職する可能性が高く、勤続年数が短くなる。言い換えると、従業員の労働市場に関する情報が完全でないと、自分の能力を最も活用できる、マッチングの質が高い仕事がどこにあるのか分からないまま、ある程度賃金が高い仕事に就いてしまうであろう。しかし、時が経ち、従業員の就業年数が長くなるほど、市場についての情報が蓄積され、会社とのマッチング（相性）を判断することができるようになる。すると転職を通じてより高い生産性（高い賃金）の仕事に就くことが可能になる。

これら2つの理論は、相矛盾するものではなく、これらを統合した検証モデルを構築することが可能である。人的資本理論に従うと勤続年数を経ることで企業特殊技能が蓄積され、賃金が上昇するため、転職は抑制されると共に、転職で賃金は低下することになる。ジョブ・マッチング理論に従うと、従業員はよりマッチングの良い職務を求めるため、転職により生産性は向上して賃金は上昇することが予想される。

4.2 モデル

本節では、どのような労働条件や教育訓練、仕事とのマッチングが、労働者の転職意欲を生じさせるのかについて、広い意味での効用概念を用いて、技術者の転職を効用最大化問題として定式化する。

まず、労働者の転職について、簡単なジョブ・サーチングモデルで考えてみよう。ここでは、転職意欲要因に焦点を絞るため、就業しながらの職探し（on the job search）のみを考え、離職や非労働力化の可能性は考えない。

ここで、$\breve{U}(z_0^t, w_0^t)$はある従業員の時点 t の効用である。労働者の時点 t における就業先企業での効用水準に影響を与える職場環境要素をベクトル z_0^t、実際の労働条件をベクトル w_0^t で示す。現在の企業に勤め続けると、時点 t+1 においては、z_0^{t+1} と w_0^{t+1} という条件が期待できるとする。また、転職先候補となる企業を見つける確率を φ とし、新たな就業先での就労条件は z_1^{t+1} と w_1^{t+1} であることが予想されるとする。転職する際に費用がかかるため、転職コストは、転職に伴う要因 Z^t の関数として $C(Z^t)$ と表されるとする。このとき、従業員の時点 t での価値関数を $V^t(z^t, w^t)$ で示すと、割引率 θ として、この従業員の動学的最適化問題は以下のようになる。

$$
\begin{aligned}
V^t(z^t, w^t) \\
= \breve{U}(z_0^t, w_0^t) + \theta(1-\varphi)E\{V_0^{t+1}(z_0^{t+1}, w_0^{t+1})\} \\
+ \theta\varphi E\max[V^{t+1}(z_0^{t+1}, w_0^{t+1}), V^{t+1}(z_1^{t+1}, w_1^{t+1}) - C(Z^{t+1})] \quad (1)
\end{aligned}
$$

ここで、E は効用関数の期待値を意味する。なお、簡素化するため、求職活動にかかる費用はないとしている。

現時点において、現在の就業先で勤務を続ける（転職する意思がない）と判断する場合は、求職活動をしても、

$$
V^{t+1}(z_1^{t+1}, w_1^{t+1}) - C(z^{t+1}) \leq V^{t+1}(z_0^{t+1}, w_0^{t+1})
$$

という状態、すなわち、転職したときに得られる就業価値と転職の直接費

用 $V^{t+1}(z_1^{t+1}, w_1^{t+1}) - C(z^{t+1})$ を、転職によって失う現在の就業価値（転職の機会費用）$V^{t+1}(z_0^{t+1}, w_0^{t+1})$ が上回る状態である。

　一方、転職する意思がある場合は、転職したときの就業価値が、現職の就業価値（転職の機会費用）と転職の直接費用を上回る状態、すなわち、

$$V^{t+1}(z_1^{t+1}, w_1^{t+1}) > V^{t+1}(z_0^{t+1}, w_0^{t+1}) + C(z^{t+1})$$

の可能性がある場合である。なお、求人企業が見つかる確率 θ は転職希望に直接影響しないが、転職を希望した従業員が実際に転職できる確率 θ は高くなる[6]。

　上述の転職意欲の決定要因に基づき、確率効用関数を用いて労働者の転職意欲を分析する。従業員の効用を左右する様々な要素の中には、直接観測できる変数と直接観測できない変数がある。本書の実証分析では、現在の職場で継続就業する場合の従業員の効用は、以下のような1次関数で表すこととする。

$$U_0 = w_0' \boldsymbol{\beta}_{w0} + z_0' \boldsymbol{\beta}_{z0} + \varepsilon_0 \tag{2}$$

　この効用関数において、$V_0 = w_0' \boldsymbol{\beta}_{w0} + z_0' \boldsymbol{\beta}_{z0}$ は直接に測定できる部分である。z_0 と w_0 はそれぞれ現在の職場で職場環境要素と労働条件要素である。$\boldsymbol{\beta}$ はパラメータ、ε_0 を直接測定できない変数を誤差項として表す。一方、新な就職先で労働者の効用は $U_1 = w_1' \boldsymbol{\beta}_{w1} + z_1' \boldsymbol{\beta}_{z1} + \varepsilon_1$ と表す。

　各労働者は効用が最大になる職場を選択する。転職することが効用を最

---

[6] 実際に転職できるためには、転職意思があること（Event A）及び求人企業が見つかること（Event B）が同時に成立しなければならない。よって、実際に転職できる確率は、A と B の同時確率、すなわち Prob(A and B) である。Event A の確率は Prob(A) = θ。Event B の確率は Prob(B)。なお、A と B は関係ないという仮説があるので、実際に転職できる確率 Prob(A and B) = Prob(A)・Prob(B) = θ Prob(B)。従って、θ は高くなると実際に転職できる確率が上昇する。

大にするかは、確定的効用のみならず、誤差項部分にも依存するため、労働者の選択は確率的にしか決まらない。もし、新たな職場で得られる効用が現在の職場で得られた効用を超える場合、この従業員の転職意欲は生じる。つまり、$U_1 > U_0 + C$ の際、転職意欲が生じる。

今、Y を転職する事象とすると、Y が起こる確率は、

$$
\begin{aligned}
\Pr(Y=1 \mid \boldsymbol{w}, \boldsymbol{z}) &= \Pr(U_1 > U_0 + C \mid \boldsymbol{w}, \boldsymbol{z}) \\
&= \Pr(\boldsymbol{w}'_1 \boldsymbol{\beta}_{w1} + \boldsymbol{z}'_1 \boldsymbol{\beta}_{z1} + \varepsilon_1 > \boldsymbol{w}'_0 \boldsymbol{\beta}_{w0} + \boldsymbol{z}'_0 \boldsymbol{\beta}_{z0} + \varepsilon_0 + C) \\
&= \Pr(\boldsymbol{w}' \boldsymbol{\beta}_w + \boldsymbol{z}' \boldsymbol{\beta}_z + \varepsilon > + C) \\
&= \Pr\left[\varepsilon > -(\boldsymbol{w}' \boldsymbol{\beta}_w + \boldsymbol{z}' \boldsymbol{\beta}_z) + C\right] \\
&= \Phi(\boldsymbol{w}' \boldsymbol{\beta}_w + \boldsymbol{z}' \boldsymbol{\beta}_z - C)
\end{aligned} \tag{3}
$$

と表される。ただし、ここで、$\Phi(\cdot)$ は標準正規分布の密度関数である。

4.3 仮説

第2節では、転職の意思決定のモデルを定式化した。これを受けて本節では、先に挙げたモデルに対応する仮説を導出する。Ⓐまず、転職意欲に影響を与える要素のうち、労働条件に関する仮説を設定する。

期待理論（Porter and Lawler 1968）によれば、動機付けは期待と結果の誘意性の積である。これまでの文献レビューで触れたように、就業しながらの職探し（転職意欲）を促進する要因は現職の賃金と転職により得られる可能性のある代替賃金の差である（Bako 2015；花岡 2009；周 2009）。Bako は、ハンガリー中央統計局の「労働力調査」のデータを用いて、18歳から65歳の従業員を対象に、転職による賃金の変化と就業しながらの職探しとの関係を検証した。分析では職探しの頻度と、他の企業で得られる主観的賃金の値を用いた。その結果、転職による期待賃金の値が高いほど、職探しに対する促進効果があり、自身の賃金が高いほど、職探しに対して抑制効果があった。また、転職による期待賃金と現職の賃金の差が大きいほど、職探しを促進する効果が明らかになった。更に、賃金以外に上司との関係

が悪いと職探しに促進効果があることが指摘されている。

　岡本・照山（2010）は、「慶應義塾家計パネル調査」の 2007 年から 2009 年のパネルデータを用いて仕事の満足度を示す指標などが転職希望に与える影響について検証した。男性従業員を対象に分析した結果、現在の賃金が低いほど、転職希望を促進することを明らかになった。これは賃金が低い場合、悪い仕事に就いており、良い仕事に移りたい意向を示していると解釈された。

　萩原・照山（2017）は「ワーキングパーソン調査」（リクルートワークス研究所）の 2012 年と 2014 年のデータを用いて転職前後の賃金変化を比較した。短期的効果では、賃金不満による転職は賃金上昇をもたらすこと、倒産等が理由での転職は賃金低下をもたらすこと、特に 35 歳以降の賃金下落が大きいことを明らかにした。また、賃金関数を基に仮想の生涯所得を比較した長期的効果では、賃金不満による転職はその効果が増幅されることが分かった。これは転職によるマッチングの改善が起こっていることと、他の理由による転職は若年時に行なうほうが有利であることを示唆している。

　このように、先行研究から、労働条件の考察にあたっては、従業員の転職の賃金効果に対する期待を評価する、金銭的な変動の絶対額を比較する、または目標や目的などの主観的な尺度における周囲と自身との相対的な差を比較する、などの方法が考えられる。本書は後者の考え方に依拠し、転職意欲に影響を与える要因として、転職による賃金上昇の期待値（相対賃金）を用いる。そこで検証仮説 1 を、次の通り設定する。

仮説 1 （金銭的効用仮説）：転職による賃金上昇の期待値は、転職意欲と正の関係にある。
仮説 1-1：現職の賃金と比べ、他職種もしくは同職種に転職する時の期待賃金が高いほど、転職意欲は促進される。

　ところで、Schumacher（1997）は、職業特有の高度な教育訓練が必要で、

専門的な技術が必要とされる職種ほど、他職種ではその技術を活かすことが難しいため、専門職の相対賃金が離職行動に与える影響は小さいことを示した。専門的な技術を有する職種として看護師と、より一般的な技術を要する職種である事務員との離職行動の違いを比較した結果、看護師について、他職種との相対賃金は離職行動に有意に影響を与えるものの、相対賃金が離職へ与える影響は、事務員と比較して看護師のほうが小さいことが明らかになった。日本では、相対賃金が介護職の離職に与える影響に着目したこれまでの研究として、岸田・谷垣（2008）、花岡（2009）がある。岸田・谷垣（2008）は、日本の介護老人福祉施設の独自調査データを使用して、市場賃金と比較した介護職員の相対賃金が、就業継続意思や仕事の不満足度に与える影響を分析した。その結果、介護職員の相対賃金は、就業継続希望や仕事の不満足度に有意な影響を与えていなかった。また、花岡（2009）は、「介護労働実態調査・事業所票（2007年）」の事業所単位の個票データを利用して、介護職の相対賃金が、事業所離職率に影響を与えているのか、その影響が地域ごとに異なるのかを分析し、施設系の介護職員正社員のみ、他職種や同職種との相対賃金が高いほど、事業所離職率が低下することを示した。

　先行研究では、技術者の詳細分類に着目して転職と賃金の関係を検討した研究は見られないが、賃金においては、仕事や業績に見合った給与や処遇が得られているか否かが問題となる。このことは、企業の人事評価システムや管理者の問題と密接に絡むのだが、ソフトウェア技術者の場合は、自社の給与決定や業績評価のシステムに対して、公正な評価がなされないシステムであると不信や不満を抱くことが問題となる。なぜなら、ソフトウェアやシステム開発という目に見えない仕事の成果を評価することが難しいためである。単に、働いた時間が長ければ良いわけではなく、組んだプログラムのステップ数が多ければ良いわけでもない。とりわけ、技術革新のスピードが速く、しかも技術の細分化が進んでいるために、評価をする立場の管理者自身が、全ての情報システムの開発技術に精通することはできない。従って部下の技術者の成果を十分理解して公正な評価を下すこ

とが困難なため、不満を生む下地となりやすい。以上を踏まえると、技術者の方がそれ以外の一般的な技術を有する事務職に比べて相対賃金と転職意欲の関係は強いと予想される。

　一方、アメリカにおいては、年齢、性別、人種による差別が禁止され、職務内容が企業の枠を超えて標準化されていることから外部市場が発達しており、各企業は必要な人材を労働市場より適宜調達することが可能である（恩田・賀茂 2018）。よって、労働者が仕事を探す時に、企業の要求と労働者の応募資格が合致すれば誰でもエントリーレベルの職に就くことが可能であると予想される。そこで、次の仮説 1-2、と仮説 1-3 を設定した。

仮説 1-2：現職の賃金と比べ、他職種もしくは同職種に転職する時の期待
　　賃金と転職意欲の関係は、一般的な技術を有する事務職より技術職の方
　　が強い。
仮説 1-3：現職の賃金と比べ、他職種もしくは同職種に転職する時の期待
　　賃金と転職意欲の関係は、日本の技術者より、アメリカの方が強い。

　Ⓑ教育訓練に関する仮説を設定する。人的資本理論による賃金の上昇は、大きくスキルの汎用性と、教育訓練の実施の２つに分けることができる。

（1）スキルの汎用性と転職意欲
　まず、スキルの汎用性について検討してみる。人的資本論では、スキルを、現在働く上で価値は高いが、転職すると価値が下がってしまう企業特殊的なスキルと、どこで働くかに関係なく価値を保つ一般性のあるスキルに分けて考える。いずれも企業内 OJT によって獲得される可能性があるが、スキルの企業特殊性が高いと、転職の際にその価値を大きく下げることになる。一方で久本（1999）は、実際に教育訓練は何らかの形で特殊的スキルであっても、実際には同じ業界内あるいは同じ職種内であれば企業を超えて役立つスキルとなる可能性があり、スキルは企業特殊的スキル、一般的スキルに加え、職種特殊的スキルの３種類に分けて考えるべきであ

ると指摘している。例えば、ソフトウェア技術者にとって、ある企業に特有な仕事の進め方を習熟することは企業特殊的スキルであり、プログラミング言語などのスキルは職種特殊的である。先行研究でレビューしたように、専門的・技術的職業では同一職種内での転職コストが小さいことから、職種特殊的スキルが他の職種と比較して相対的に大きいと指摘されている（樋口2001；勇上2001；大橋・中村2002など）。つまり、従来の人的資本論が予測するほどスキルは企業特殊性を帯びず、技術者では、特に企業内OJTによって獲得されたスキルであっても、企業を超えて活用できると感じる人が多い可能性がある。

　しかし、これらの先行研究はスキルの職種特殊性の大きさが転職意欲を促進（あるいは抑制）する効果があるのかどうかについて明確な説明を与えてくれない。それはおそらく、転職に伴なう事後的賃金の変動からスキルの職種特殊性の「実態」を間接的に測定しようとしているからであろう。スキルの汎用性と転職の関係をより本質的に規定するのは、「実態」としてのスキルの汎用性ではなく、むしろ自分のスキルは社内、社外でどの程度通用するかという自信、言い換えれば、主観的認識としてのスキルの汎用性ではないだろうか。この認識としてのスキルの汎用性こそが、個人が転職を決定する上で、重要な動機の1つとなっている可能性が考えられる。そこで、技術者の転職意欲に影響を及ぼす要因として、スキルの汎用性に着目し、次の仮説2を設定する。

仮説2（教育訓練仮説）：スキルの汎用性は、転職意欲と正の関係にある。
仮説2-1：従業員が認識したスキルの汎用性が高いほど、転職意欲は促進される。

　戸田（2010）は、職種特殊的スキルに注目し、マクロデータを用いて、職種特殊的スキルが賃金や転職に与える影響について分析した。その結果、前職が専門的・技術的職業従事者や事務従事者である転職者は、同一職種への転職者割合が増加すること、人的資本が蓄積されている職種ほど同一

職種に転職しやすいということや、年齢の賃金に与える効果より職種経験が賃金に与える効果が大きいことが示唆された。このことから、日本の専門的・技術的の職業従事者や事務従事者においては、人的資本が職種特殊的であり、職種間移動をしやすいと予想される。アメリカの従業員を対象に、職種特殊的スキルと転職の関係を分析したのは Kambourov and Iourii (2008) である。Kambourov and Iourii によれば、アメリカにおいて他産業または他職種に転職する従業員の割合は、観察期間 1968 年から 1997 年までで、多少の変動はあるが、全般的に高まってきていることを明らかにした。アメリカでは、年齢や学歴に関係なく、職種移動が頻繁に行なわれることを指摘している。よって、次の仮説 2-2、と仮説 2-3 を設定した。

仮説 2-2：スキルの汎用性に対する知覚と転職意欲の関係は、技能系（生産工程従事者）より、技術者、事務職の方が強い。

仮説 2-3：スキルの汎用性に対する知覚と転職意欲の関係は、アメリカの技術者より、日本の技術者の方が強い。

(2) 会社による能力開発に対する知覚と転職意欲

　会社によって行なわれる教育訓練は、現在または将来の従業員個人の能力やそれに伴なう組織業績を理想的な状態へと導きながら、それらの更なる向上をもたらすと期待されている（Bartel, 2000）。従業員にとっても、積極的で充実した教育訓練は、新たな知識やスキルをもたらし、新たな仕事に対する備えを築くだけでなく、仕事への適性や仕事に対するモラルなどを涵養し、ひいては作業効率を向上させ、組織の競争優位をつくりだすことに繋がる（London, 1989）。人的資本理論では、企業特殊的スキルは、転職によってそれを保持する従業員の限界生産力を低下させるため、転職へのインセンティブとしては働かないと考えられている。しかし、会社による教育訓練に対する知覚と転職意欲との関係については、必ずしもそうした分析が十分に行なわれているわけではない（Memon, Salleh and Baharom 2016）。そうしたなか、Chang, Chi and Chuang（2010）は台湾のエンジニ

アを対象に、教育訓練に対する知覚と転職意欲との間の直接的な関係を検討した。分析の結果、会社による積極的な教育訓練に対する知覚が転職意思に対してネガティブな影響を与えていることが確認された。また、Lee and Bruvold（2003）は、アメリカとシンガポールの労働者を対象に、教育訓練に対する知覚と職務態度及び退職意思との関係について分析を行い、教育訓練に対する知覚と転職意欲との間にネガティブな相関関係があることをアメリカとシンガポールの両者において確認した。こうした結果から、会社による教育訓練が従業員の転職意欲に大きな影響を与えていることが十分に考えられる。ここで、会社による教育訓練を通じた人材育成と従業員の自己啓発による人的資本投資の違いについて考えておきたい。確かに会社が教育訓練の機会を従業員に与えることで、生産能力だけでなく働くインセンティブをも向上させる可能性がある。また、会社が教育訓練の機会を与えることで、従業員と雇用主の間における、労働者の能力についての情報の非対称性が解消され、会社でマッチングの良い仕事に出会う確率も高くなる。従って、会社による教育訓練は、人的資本の上昇による生産性や賃金の向上と共にそれ以外の役割も期待されるのである。

　本書では、会社による能力開発を従業員の知覚として捉え、転職意欲との関係についての仮説を以下のように設定する。

仮説3：（教育訓練仮説）会社による教育訓練は、転職意欲と負の関係にある。

仮説3-1：会社による能力開発に対する知覚は、転職意欲と負の関係にある。

　また、小林ほか（2009）は、Bloom et al.（1956）の知識レベルの4段階をIT人材教育に応用した。まずKnowledgeレベルは、教科書や講義などで見聞きしたことがあり、関連する資料を調べることができるし、次のComprehensionレベルは、言葉の意味を理解し、説明することができると、続く、Applicationレベルは、言葉に関する技術・技法をソフトウェア開発に利用することができるとし、最後に、Analysisレベルは、技術の背景にあ

る制約や特性について理解し、特定の問題に対する向き・不向きを比較評価
できると論じた。更に、小林らによれば、技術者にとっては、各ソフトウェ
ア開発技術を獲得するためには Application レベル以上の知識が特に重要で
あると指摘している。従って、技術者は、学校教育や自己啓発といった人的
資本投資より、実際の仕事を通じて、必要な技術、能力、知識、あるいは態
度や価値観などを身につけさせる教育訓練を重要視すると予想される。

仮説 3-2：会社による能力開発に対する知覚と転職意欲の関係は、一般職
　　より、技術者の方が強い。

(3) 自己啓発と転職意欲

　一方で、近年、会社による教育訓練だけではなく、従業員個人の自己啓
発もその重要性が認識されてきている。自己啓発による生産性の向上は、
労働者にとっては、賃金の上昇やリストラ対象から外れ、失業確率を低下
させる効果があると考えられる（吉田 2004）。従業員がどこまで自己投資
を行なうかについて効用最大化理論に従えば、投資の収穫逓減を前提とし、
個人は現在価値ベースでの生涯に渡る収益を考え、その限界増分が徐々に
逓減し投資の限界費用に等しくなるまで投資を行なう。以上のように、あ
る種の自己啓発が従業員の生産性を向上させ、賃金を増加させるのならば、
その生産性の向上は、他の従業員との差を生み出す。それによりリストラ
対象から外れる可能性がある。また、高い市場賃金が期待できれば、労働
参加を促す効果を持つかもしれない。結果的に、自己啓発は就業確率を上
昇させると考えられる。また、この効果は、職種とは無関係に存在すると
考えられる。

仮説 4：（教育訓練仮説）自己啓発の時間は、転職意欲と正の関係にある。
仮説 4-1：従業員が自己啓発に投入した時間が長くなるほど、転職意欲は
　　促進される。
仮説 4-2：従業員が自己啓発に投入した時間と転職意欲の関係に、職種に

よる違いはない。

仮説 4-3：従業員が自己啓発に投入した時間と転職意欲の関係は、日米に
よる違いはない。

(4) 仕事特性と転職意欲

ⓒ仕事とのマッチングに関する仮説について検討する。仕事とのマッチ
ングは経営者だけではなく、従業員にとっても重大な関心事である。なぜ
なら、仕事とのマッチングは生産性に影響する潜在力を引き出すだけでは
なく、労働者のモチベーションにも影響するからである。社会心理学の分
野では、金銭的報酬によって内発的動機付けがクラウド・アウトされるメ
カニズムの代表的な理論として、認知評価理論（cognitive evaluation theory）
がある。この理論は、もともとタスクに対して内発的動機がある者に対し、
外的動機付けを与えると、タスクを外部からの動機付けによって行なって
いると認識するようになり、自律性、有能感や自己決定感を喪失し、結果
的に内発的動機を失ってしまう可能性を指摘する（Deci and Ryan 1985）。
ただし、彼らの理論は外的動機付けが常に内発的動機をクラウド・アウト
すると述べているわけではなく、自律性や能力評価を損なわないようなも
のならば、内発的動機を強めるように作用するとも主張する。例えば、達
成すべきタスクを強制した場合でも、その目標の重要性を説明し、理解を
得られるようなケースでは、内発的動機の低下を弱めることができるので
ある（Ryan and Deci 2000）。ここでは、仕事とのマッチングを捉える指標
として、仕事の自律性、独創性が必要な仕事、仕事の有能感と仕事での達
成感に着目する。

社会心理学分野では、「与えられた課題を自分自身がいかにうまくでき
るのか」を概念化した有能感は多くの研究者の注目を浴びてきた（中西
1998）。山下らは、Deci らの認知評価理論を産業場面に適用し、その有効
性を検討する実証研究を行なった。内発的動機付けとして、「仕事の楽しさ」
を設定し、仕事の遂行から得られる「有能感」と「自律性」が「仕事の楽
しさ」を規定する主要な要因であることを明らかにした（山下・八木

1991：山下 2001）。

　近年の内発的動機付け研究においては有能感だけではなく、自律性の効果も確認されたため、仕事への意欲を高めるためには、有能感と自律性を共に検討する方がより効果的であると考えられる。Lopes et al.（2014）によれば、仕事の自律性は、労働者の自己尊重、ワークモチベーション、職業生活への満足にポジティブに影響し、従業員の離職やパフォーマンスに関係するだけではなく、自律性をサポートする仕事環境が創造性や生産性を促進する効果があるなどの結果が、組織心理学者、社会学者、経営学者などの研究により確認されている。一方で、日本における仕事の自律性に関する研究は、近年過重労働やワーク・ライフ・バランスと関係する仕事の性質として、議論されてはいるが（高見 2016；権丈 2009）、その効果に関する量的研究は、欠落している。

　益田（2004）によると、日本の SI 企業は、開発期間の短縮、開発コスト削減という発注者の声に押され、既存のソフトウェアコンポーネントをいかに効率的に組み合わせるのかといった改善に明け暮れ、新しい独創性のあるコンセプトを持ったソフトウェアの開発に挑戦できにくくなっている。しかし、長い目で見ると、有能な人材は常に、新たな発想と創造的アイディアを基にした活動によって、新しい価値を創り出そうとするため、独創性を必要としない仕事には定着しないだろう。

　仕事とのマッチングから見ると、不確実性の高い仕事や創造的な仕事に従事している人にとって特に重要であると考えられるのは、仕事の成果である。ソフトウェア開発という仕事は、これまで、技術的に難しいこと、そして標準化された仕事の進め方がなく、しかも一回性の開発の仕事が多いため、経験を他の開発に生かし難いことが指摘されてきた。また、ユーザーのニーズがはっきりしないため契約時に取り交わした仕様が曖昧であり、開発に用いるオペレーティングシステムやプログラム言語が多様でそれらの修得が大変であることなども仕事特性として挙げられている。更に、プロジェクトが大きくなると、各人が担当する仕事がモジュール化されて全体が見えず、他の技術者のプログラム設計思想が理解しがたいという問

題も生じる。それゆえ、以上のような仕事特性とのマッチングは、創造的な仕事に従事する技術者を研究対象とする本書においても、重要な意味を持つものだと思われる。そこで、仕事とのマッチングと転職意欲の関係について、仮説5、仮説6、仮説7と、仮説8を以下のように設定する。また、この効果は、職種とは無関係に存在すると考えられる。

仮説5：（仕事特性仮説）従業員が感じている従事する仕事の自律性は、転職意欲と負の関連がある。

仮説6：（仕事特性仮説）授業員が感じている従事する仕事の有能感は、転職意欲と負の関連がある。

仮説7：（仕事特性仮説）従業員が感じている従事する仕事の独創性は、転職意欲と負の関連がある。

仮説8：（仕事特性仮説）従業員が感じている従事する仕事に期待された成果は、転職意欲と負の関連にある。

　転職コストに関する作業仮説について検討する。第3章でレビューした通り、労働者の転職意欲に影響を与える要因として、転職コストが存在する。具体的には転職に伴う直接費用（職探しに費やす金銭的・時間的コスト、転職後の賃金水準低下、転職による評価の低下など）が転職による得られた便益により高いと考えれば、転職を希望しないことになる。本書では配偶者の有無、就学する子供の有無、介護が必要な家族の有無などの家族属性および住居の形態を転職コストの代理変数とする。

　また、上記の簡単な転職の意思決定モデルでは、従業員の貯蓄を考慮しておらず、各期の所得が直ちに消費となって効用をもたらすと考えられていた。しかし、資産蓄積を考慮すれば、所得と消費の時点が異なることになり、資産残高は将来の消費による効用の増加を意味する。そのため、所得の増加を誘因とする転職意欲は低下するかもしれない。一方で現実には、転職後に当初の予想が外れることによって、転職先での年功賃金の適用による一時的な

所得水準の低下もあるかもしれない。そのような不測のまたは一時的な所得
減少の可能性があっても、流動性の高い資産を潤沢に所有していれば、消費
を平準化することが可能となり、効用水準の低下を緩和できる。これは転職
を促進する要因となる。ただし、住宅・土地のように流動性の低い資産は、
上述の効果とは逆に、移動の費用や転職先の選択の地理的制約となる可能性
もある。このように、住居形態は労働者の経済状況と強く関わることから、
本書においても、住居形態についても転職コストの代理変数とする。

　本書の検討課題、及び対応する仮説を含めた本書の分析枠組みは、図
4-1 に示す通りである。

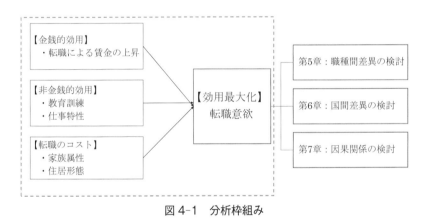

図 4-1　分析枠組み

4.4　使用するデータ

　本節では、第 5 章以降の実証分析で使用するデータの概要を示す[7]。本
書が仮説検証に使用するアンケートデータは主に 2 つある。

　第 1 は、2014 年から 2016 年に実施された、IPA-RISE 委託研究（2014
年〜2016 年）「日本のソフトウェア技術者の生産性および処遇の向上効果

[7] 調査資料の利用に関して、中田喜文教授（同志社大学）から多大なご協力をいただいた。
ここに記して感謝の意を表す。

研究：アジア、欧米諸国との国際比較分析のフレームワークを用いて」（研究代表者：中田喜文；以下調査A）である。調査Ⅰは技術者の生産性とキャリア意識、及びその規定メカニズムを明らかにするため、アメリカ、フランス、ドイツ、中国の情報通信産業で働く技術者を対象に、彼らの仕事と職場についてオンラインで情報収集を実施した。同時に、日本においては、電機連合（日本電機・電子・情報関連産業労働組合連合会）が、その加盟組合員（技術系組合員、技術者の上司、企画・営業・事務系組合員、技能系組合員）を対象に、所属組合、年齢、学歴、家族属性といった個人属性や、年収、所定外労働時間などの労働条件の情報に加え、職場の能力開発状況、能力・業績評価制度、キャリア意識などついて、アンケート調査を実施した。

　第2は、同じ電機連合が2007年12月から2008年1月にかけて行なった「高付加価値技術者のキャリア開発に関する調査」（研究代表者：中田喜文；以下調査B）によって収集された個票データである。調査の目的は技術者のキャリア開発に関して、技術者一人ひとりが持つ潜在的な力が遺憾なく発揮され、それを価値創造に繋げるための要因・環境がいかなるものであるかを明らかにすることである。この調査は、調査Aの問題意識と具体的な質問項目で多くの共通性があるため、時系列比較の可能性がある。

　ここでは、第5章、6章、7章で用いる調査Aの国内調査、すなわち、電機連合総合企画室が行なった「暮らしと働き方に関する調査」（2015）のデータの特徴について概観する。全体サンプルからどのように章ごとのサンプルを抽出したかは、各章で説明する。

　本調査は、技術系の組合員及び定年後再雇用者を対象とした技術者調査（A票）、技術者上司調査（B票）、技能系の組合員および定年後再雇用者を対象とした技能系調査（C票）、企画・営業・事務系の組合員及び定年後再雇用者を対象とした企画・営業・事務系調査（D票）の4調査で構成されている[8]。調査は2015年11月に調査票を配布し、12月に回収した。

　本調査は、電機産業で働く組合員に対して調査を行なったものであるた

---

[8]『電機連合NAVI』　2016年夏号　「電機総研『暮らしと働き方に関する調査』の調査結果のポイント」より抜粋。

め、データは、「1産業」であり、しかも「組合員」、「正社員」という限定的なグループを取り扱ったデータである。しかし、量的な面で傾向を把握するという目的に対して「1産業内に勤める正社員労働者」という特定のグループ層の特徴をよく捉えた最近のデータとしては大変有用で貴重な情報源だと言えるだろう。本調査の特徴は、「暮らし」、「働き方・キャリア」に関する現状の把握及びその課題を明らかにすることができる点である。

4.4.1 データの特徴

(1) 性別

性別については、表4-1で示した通り、どの職種も男性が多数を占めている。女性は技術系と技能系では1割前後だが、企画・営業・事務系では3割とやや多い。「平成27年国勢調査」（総務省統計局）抽出詳細集計によると、正規技術者の男性比率は90.8%、技能系（生産工程従事者）の男性割合は85.4%、企画・営業・事務系の男性割合は85.4%であることから（「政府統計の総合窓口」(e-Stat)、調査項目を調べる 国勢調査（総務省）、技術系、技能系サンプルには偏りがないと言えるのに対して、企画・営業・事務系サンプルは女性割合が高い。以降の分析では性別を統制するものの、結果を読み取る際には、女性のサンプルの特徴に留意する必要がある。

表4-1 職種別の性別割合

		技術系		技能系		企画・営業・事務系	
		度数	割合	度数	割合	度数	割合
電機連合調査 (2015)	男性	2,393	91.4%	1,432	89.4%	1,131	70.4%
	女性	226	8.6%	169	10.6%	476	29.6%
2015年国勢調査	男性	1,828,440	90.8%	3,897,790	85.4%	5,223,040	85.4%
	女性	186,010	9.2%	665,950	14.6%	3,162,820	14.6%

(2) 年齢

利用したデータの年齢分布を示したのは図4-2である。サンプル全体の年齢は21歳から64歳までで、平均年齢は38.9歳である。標準偏差は8.9

であった。職種別に見ると、技術系は平均 37.1 歳とやや低く、技能系は平均 41.1 歳と若干高い。企画・営業・事務系は 39.1 歳である。「平成 27 年国勢調査」（総務省統計局 2015）の結果では、技術者の平均年齢は 42.6 歳、技能系は平均 44.9 歳、企画・営業・事務系は 44.1 歳である。年齢を 5 歳刻みに分割したときの職種別年齢分布を図 4-2 に示す。技術系は 20 代後半から 30 代後半層が多数を占めるのに対して、技能系は 30 代後半から 40 代後半層が 6 割を占めている。企画・営業・事務系は技術系と技能系よりも年齢構成の偏りが少ない。『平成 27 年国勢調査』と比べると、技術系サンプルは 30 歳代、技能系サンプルは 40 歳代、そして企画・営業・事務系サンプルは 30 歳代前後に分布の偏りがあると言える。

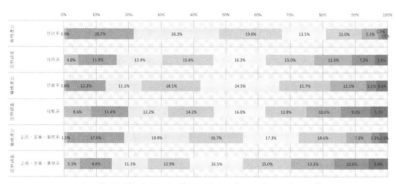

図 4-2　職種別の年齢分布

（3）最終学歴

　最終学歴については、組合員全体サンプルでは大卒以上が 54.1％、高卒が 34.8％となっているが、表 4-2 で示した通り職種による違いが大きい。技術系では大卒以上が 8 割と多く、その中でも大学院以上が 4 割を超えている。技能系では高卒が 8 割と多数を占めていて、大卒以上は 1 割と少ない。企画・営業・事務系では、大卒が半数を占めるほか、高卒も 3 割弱と少なくない。

表 4-2　職種別の学歴分布

	技術系		技能系		企画・営業・事務系	
	度数	割合	度数	割合	度数	割合
中卒	5	0.2%	26	1.6%	3	0.2%
高卒	335	12.8%	1,253	78.2%	436	27.1%
短大卒	196	7.5%	144	9.0%	250	15.5%
大卒	950	36.2%	128	8.0%	790	49.1%
大学院卒	1,136	43.3%	51	3.2%	131	8.1%

（4）勤続年数

　勤続年数は、最短 0 年から最長 47 年で、組合員全体の平均勤続年数は 15.6 年、標準偏差は 10.1 であった。平均年数を職種別に見ると、技能系が 20.7 年、次いで企画・営業・事務系が 16.2 年となり、技術系は 13.3 年と最も短い。

（5）現在の役割・職責レベル

　現在の役割・職責レベルについて、組合員全体サンプルでは「担当者レベル」が 6 割（58.9%）と多数であるが、職種別に見ると、表 4-3 で示した通り、「担当者レベル」は、技能系は 6 割以上でやや多く、技術系と企画・営業・事務系では 6 割以下でやや少ない。「主任、係長、チームリーダー相当」は技術系と企画・営業・事務系が 4 割前後で、技能系は 4 割以下でやや少ない。

表 4-3　職種別の役割・責任レベル

	技術系		技能系		企画・営業・事務系	
	度数	割合	度数	割合	度数	割合
担当者レベル	1,465	55.9%	1,018	64.6%	957	59.7%
主任、係長、チームリーダー相当	1,154	44.1%	558	35.4%	647	40.3%

（6）組合役員経験

組合役員の経験について、組合員全体サンプルでは「組合役員をやったことはない」が38.4％と最も多く、「現在職場委員・専門部委員・その他役員」が25.4％、「現在単組本部・支部・分会の執行委員」が18.0％、「過去に組合役員をやったことがある」が17.7％である。表4-4により職種別に見ると、「組合役員をやったことはない」はいずれも4割近くを占める。「過去に組合役員をやったことがある」は見れば、技術系と企画・営業・事務系は2割以下で、技能系は2割以上となっている。「現在単組本部・支部・分会の執行委員」は技能系が1割でやや低くなっていて、企画・営業・事務系は2割以上でやや多くなっている。「現在職場委員・専門部委員・その他委員」の方はいずれも2割以上であることが分かる。

表4-4　職種別の組合役員経験

	技術系		技能系		企画・営業・事務系	
	度数	割合	度数	割合	度数	割合
組合役員をやったことはない	1,020	38.9%	629	39.5%	594	37.2%
現在単組本部・支部・分会の執行委員	478	18.2%	192	12.0%	368	23.0%
現在職場委員・専門部委員・その他委員	703	26.8%	423	26.5%	358	22.4%
過去に組合役員をやったことがある	420	16.0%	350	22.0%	277	17.3%

（7）採用形態

採用形態について、組合員全体サンプルでは「定期採用（学校卒業後すぐ入社）」が83.5％と最も多く、「中途採用」が15.4％、「定年後再雇用」が1.1％である。表4-5を見ると、技術系では「定期採用」は9割近くと多く、「定年後再雇用」は1割以下で少ない。技能系では「定期採用」は8割近くで、「中途採用」が2割以上を占めている。企画・営業・事務系を見ても、技能系とほぼ同じ比率を示している。

表 4-5　職種別の採用形態

	技術系		技能系		企画・営業・事務系	
	度数	割合	度数	割合	度数	割合
定期採用	2,339	89.2%	1,229	76.8%	1,302	80.9%
中途採用	262	10.0%	347	21.7%	290	18.0%
定年後再雇用	21	0.8%	25	1.6%	18	1.1%

(8) 業種（所属部門）分布

　業種の分布についてであるが、全体サンプルの特徴として、部品が19.2％と最も多く、家電が18.1％と続く。表4-6に示した通り、技術系では、情報が23.9％で最も多く、家電と部品が続いて、19.1％と16.8％でやや多い。技能系では部品が28.8％で最も多く、家電が18.7％と続く、企画・営業・事務系では18.0％、家電16.3％の順となっている。いずれの職種にしても、音響と通信は1割以下で少ない。業種で見れば、重電と家電はいずれの職種においても、均等的に1割以上を示している。情報の方は、技術の23.9％に対して、技能系はわずか3.5％を示している。

表 4-6　職種別の業種分布

	技術系		技能系		企画・営業・事務系	
	度数	割合	度数	割合	度数	割合
重電	310	11.9%	200	12.6%	198	12.4%
家電	498	19.1%	297	18.7%	262	16.3%
音響	25	1.0%	18	1.1%	16	1.0%
通信	203	7.8%	138	8.7%	117	7.3%
情報	624	23.9%	56	3.5%	289	18.0%
部品	439	16.8%	456	28.8%	223	13.9%
その他	514	19.7%	420	26.5%	498	31.1%

4.4.2　分析にあたって留意すべき点

　データの利用に関して、アンケートは組合委員を通じて行なわれたため、

表4-4が見た通り役員・委員等経験者が6割に及び、ランダムサンプリングとは言えない。日本の労使関係においては組合役員・委員は将来の会社幹部候補と考えられている。サンプルの中に組合役員・委員等経験者の比率が多いということは、今回主に使用する設問について以下のバイアスが想定される。

・被説明変数である転職意欲について、昇進の見込みは同期入社の中で高めの人がサンプルの中に多いと予想される。
・説明変数である賃金の現在値について、肯定的に捉えた高めの値が出る可能性がある。

第5章　実証分析Ⅰ：技術者の転職意欲に影響を与える要因—職種比較

　これまで、日本の技術者の労働移動（組織内移動、組織間移動）の可能性、金銭的及び非金銭的報酬がどのように技術者の転職意欲に影響を与えるかを、理論的に、また先行研究によって確認してきた。本章では、第4章において「転職の意思決定モデル」から導き出した、技術者の効用に関わる要因（転職による賃金上昇の期待値、教育訓練、仕事特性）の転職意欲への影響に関する仮説について、定量的検証を行なう。また、不確実性の前提で、多くの選択基準を基に転職の意思決定を決定する際に、技術職・事務職・技能職といった職種別に違いがあるかどうかについても検討する。

5.1　研究目的と仮説

　本章では、技術者の転職の意思決定に影響を与える要因について、定量的な分析・検討を行なっていく。具体的には転職意欲と、転職による賃金上昇の期待値（同じ職種への転職と他職種への転職の2パターンを考慮する）や、教育訓練（スキルの汎用性も含む）、仕事特性、この3つである。技術者の転職の意思決定に影響を与える要因にはどのようなものがあるかを理解することで、社会問題としての若年技術者の早期離職を抑制し、技術者の能力発揮問題を改善することが可能になると考えられる。

　また、本章のもう1つの目的は、技術者の転職の意思決定を他の職種と比較して検討することである。先行研究の多くは、組織を超えて移動することは、労働者の人的資本の毀損をもたらして、転職後の賃金やキャリアに影響を与えると指摘している。言い換えると、転職によって労働者は、それまで蓄積した企業特殊的な人的資本を失ってしまい、転職後の生産性

は低下する。しかし、特定の職種を経験することで培われる職種特殊的な人的資本は、職種を変更しなければ他社に移動しても通用すると考えられる。従って、職種を変更せずに転職する場合、職種特殊的な人的資本の蓄積程度が転職先企業において、転職後の生産性に影響すると予想される。本章では職種の中でも技術者に焦点を当てる。その理由として、技術者は職務内容が明確でスキルが標準化されているため、組織を移動しても通用する職種特殊的な部分の比率が高く、職種別の転職市場が成立しやすいことが挙げられる（樋口 2001）。この比較分析の結果から技術者特有の転職意欲に影響を及ぼす要因を特定し、改善策を提言していく。

5.1.1　ソフトウェア技術者とハードウェア技術者

　技術者を対象分析する際に、本章では、ソフトウェア技術者とハードウェア技術者に分けて分析を進める。第1章の表1-1が示したように、基本的な分類だけで見ても、企業で活動する技術者の様態は多様である。また、こうした技術者の分類は、製造、情報処理といった産業の違いだけではなく、研究、開発・設計、更に企画・デザインといった職務によっても異なってくる。特に後者の職務の違いは異なる職務遂行能力を必要とすることに繋がる（宮本 2010）。ここでは、小平（2014）、内藤（2009）、福谷（2007）と宮本（2010）の研究を概観し、ソフトウェア、ハードウェア技術の違いから、技術者全般の人材タイプの様態や特徴、そして、それぞれタイプの技術者に必要となる職務遂行能力を見る。

（1）小平（2014）の研究

　小平（2014）は、生産活動におけるハードウェア、ソフトウェアの役割、事業領域や具備すべき能力について考察した。小平（2014）によると、ハードウェアにおける生産活動は「ものづくり」であり、物理的に見える形にデザインすることである。それは狭義のデザインである。それに対して、ソフトウェアにおける生産活動は「ことづくり」であり、機能を仕組み、要求機能に従った手順にデザインすることである。ハードウェアとソフト

ウェアの事業領域について、ハードウェアの事業領域は製造業で、具備すべき能力は、設計・開発力であり、狭義のデザインを実践する領域であると言える。一方、ソフトウェアの事業領域は情報通信（Information Technology）やサービス業などであり、具備すべき能力は、ソリューション力、ソフトウェア仕様化能力、プログラミング力などである。ソフトウェア開発の事例で例えば、システム・エンジニアに求められる基本的な能力にコミュニケーション力がある。それを裏付ける研究として、坂田（2005）が挙げられる。坂田によれば、ソフトウェア開発において、最終成果物の質を決定する工程は、設計とプログラミングである。この内、特に重要なのは設計である。これはユーザのニーズに応じて、最適なソフトウェアの構築を決定するもので、常にユーザ先に出向いて提案を行ない、ユーザとコミュニケーションを取ることから、システム・エンジニアの生産技術の水準やコミュニケーション能力に依存する。それに対して、設計されたソフトウェアをコーディングにより実現するプログラムングは、プログラマーの要素技術の水準によって決定付けられる。

(2) 内藤（2009）の研究

内藤（2009）は、研究職、設計・開発職、システム・エンジニア職の3職について、それぞれに期待される役割とキャリア・パスの特徴を明らかにするために、電機連合加盟組合企業7社の管理職層にインタビュー調査を実施した。調査の結果、電機連合組合において、研究職、設計・開発職、システム・エンジニア職といった職種の違いにかかわらず、各企業がビジネス・プロフェッショナルを求めている。すなわち、高い技術的能力だけではなく技術を具体的な商品化に結びつけていく能力を持つ技術者を求めていることが判明した。また、内藤（2009）は電機連合組合の技術者のキャリア・パスについて、職種による差異が存在することを明らかにした。具体的には、研究職と設計・開発職は、入社後の一定期間は主に技術的能力を伸ばすことを基本とするが、一人前の担当者レベルに達した後に、主に3つのキャリア・パスへ分かれ、各キャリア・タイプに応じて各種の能力

を伸ばしていく。これに対して、システム・エンジニアは、入社時から技術的能力と技術以外の能力の両方をバランスよく伸ばしていく。その理由は、システム・エンジニア職は顧客ニーズの変化に対応するため、先ほど述べたように、常に顧客とのコミュニケーションを取る必要があるからである。従って、システム・エンジニアは入社数年でコミュニケーション能力などの対人能力面で高い水準に到達することが多く、他の職と比べ、システム・エンジニアは管理職になる年齢は5歳前後早くなっているという。

(3) 福谷（2007）の研究

　福谷（2007）は、研究開発技術者の活動領域と専門能力の2軸から、これから必要とされる技術者の具体像を整理した。活動領域には、「研究」、「開発」と、「研究開発」があり、専門能力には、「管理職能力」と「専門職能力」がある。これらの活動領域と専門能力により6タイプの研究開発技術者像を考案した。それぞれのタイプと重要視される能力は以下のようなものである。

Aタイプ「研究領域＊管理職能力」：Aタイプの技術者が重要視される能力は、研究の全体像をつかみ、進むべき方向を見据えるとともに、メンバーの視野を広げ、壁を打破る手助けをする力というものである。

Bタイプ「研究開発領域＊管理職能力」：Bタイプの技術者が重要視される能力は、研究と開発のバランスをとりながら、メンバーの能力特性を把握し、各人に的確な課題を配分する力というものである。

Cタイプ「開発領域＊管理職能力」：Cタイプの技術者が重要視される能力は、納期に向かって全体の進捗状況を把握し、調整するとともに、仕事の進捗状況を把握し、メンバー間の課題の配分を的確に調整する力というものである。

Dタイプ「研究領域＊専門職力」：Dタイプの技術者が重要視される能力は、自らの発想と能力に自信を持ち、粘り強く困難に立ち向かう力というものである。

Eタイプ「研究開発領域＊専門職力」：Eタイプの技術者が重要視される

能力は、粘り強さと柔軟さを自在に使い分けることのできる力というものである。

Ｆタイプ「開発領域＊専門職力」：Ｆタイプの技術者が重要視される能力は、納期を優先して、問題を柔軟に解決していく力というものである。

　福谷（2007）は、研究開発技術者の専門職力に注目し、人事制度のデュアル・ダムを推奨した。これと同様に、研究開発技術者の職務遂行能力に着目して、技術者の能力開発のあり方について議論を行なったのが宮本（2010）である。

（4）宮本（2010）の研究

　宮本（2010）は、技術者における能力開発のあり方という問題意識に基づき、職種別に技術者にとって必要な能力とは何かを定量的に考察した。まず、技術者が保有する職務遂行能力の構成について見ると、研究、開発・設計、情報処理の３職種のいずれも「知的能力」、「管理者特性」、「前向き性向」、「協調的性向」の４つの成分からなることが明らかになった。この結果を裏付けるものとして、「知的能力」、「管理者特性」、「前向き性向」、「協調的性向」の４成分は、日経連が行なった職務遂行能力の定義に合致するものであった。また、各職種の代表的な能力、職務遂行能力の保有レベル、職務遂行能力と能力発揮の関係について、職種による差異が存在することも確認された。

　具体的に、「知的能力」について、研究者は「独創的発想力」が中心であるのに対して、開発・設計及び情報処理技術者は「論理的思考力」が最も影響力を有していたという。技術者自身が評価すべき職務遂行能力の要素という視点から見ると、研究者が評価すべき要素はほぼ「知的能力」に集中し、開発・設計技術者では「前向き性向」、「管理者特性」が加わり、更に、情報処理技術者では「協調的性向」を含むすべての職務遂行能力の成分について評価すべき要素に広がりが見られたという。職種別に職務遂行能力の保有レベルを見たところ、「知的能力」、「前向き性向」では保有レベルに職種間の違いは見られなかったが、「管理者特性」及び「協調的

性向」では情報処理技術者に比べ、研究者の保有レベルが低いことが示された。職務遂行能力と能力発揮の関係においては、研究者に比べ、情報処理技術者は「協調的性向」を通じて能力発揮される効果が高いことが確認された。

宮本（2010）は、このような情報処理技術者と、研究者、開発・設計技術者の違いは、商品・製品化から企画や管理などの仕事に従事する情報処理技術者の相対的な職務・職域の幅の広さと関係があるものだと指摘している。

このようにソフトウェア技術者とハードウェア技術者は、同じソフトウェア開発を行なうものであるが、両者に要求される仕事特性、職務遂行能力が異なるので、ソフトウェア開発を通じて、全く異なる効用が得られるかもしれない。

その違いを明確にし、どのような要因が転職の意思決定の違いをもたらすのかは、技術者を対象とした研究上の、大きな特徴だと言える。

5.1.2 仮説

分析に先立ち、第4章で導出した仮説のうち、本章での考察に関わるものを抽出し再掲する。

仮説 1-1：現職の賃金と比べ、他職種もしくは同職種に転職する時の期待賃金が高いほど、転職意欲は促進される。

仮説 1-2：現職の賃金と比べ、他職種もしくは同職種に転職する時の期待賃金と転職意欲の関係は、一般的な技術を有する事務職より技術職の方が強い。

仮説 2-1：従業員が認識したスキルの汎用性が高いほど、転職意欲は促進される。

仮説 2-2：スキルの汎用性に対する知覚と転職意欲の関係は、技能系（生産工程従事者）より、技術者、事務職の方が強い。

仮説 3-1：会社による能力開発に対する知覚は、転職意欲と負の関係にある。

仮説 3-2：会社による能力開発に対する知覚と転職意欲の関係は、一般職より、技術者の方が強い。

仮説 4-1：従業員が自己啓発に投入した時間が長くなるほど、転職意欲は促進される。

仮説 4-2：従業員が自己啓発に投入した時間と転職意欲の関係に、職種による違いはない。

仮説 5 ：（仕事特性仮説）従業員が感じている従事する仕事の自律性は、転職意欲と負の関連がある。

仮説 6 ：（仕事特性仮説）授業員が感じている従事する仕事の有能感は、転職意欲と負の関連がある。

仮説 7 ：（仕事特性仮説）従業員が感じている従事する仕事の独創性は、転職意欲と負の関連がある。

仮説 8 ：（仕事特性仮説）従業員が感じている従事する仕事に期待された成果は、転職意欲と負の関連にある。

5.2　分析方法と使用するデータ
5.2.1　実証モデル

　転職意欲に影響する要素を定量化するために、以下の転職意欲の推定関数をサンプル全体、職種別に推定する。

　労働者は今の会社で働き続けたいと思うか、あるいは別の会社に移ろうとするか、この 2 つの選択肢に直面していると仮定する。第 4 章の理論モデルに基づき、各個人は今後働くことによって得られる賃金や家計の資産、あるいは家族構成や家庭の環境などを転職コストとして自分の効用を最大化するように選択するものと考える。

$$Y_i^* = w_{1i}(H_i, X_i)\beta_{1w} - w_{2i}(H_i, X_i)\beta_{2w} + z_i'\beta_z - C_i'\beta_c + \varepsilon_i$$

　ここで被説明変数の Y_i^* は潜在変数であり、転職した場合の効用と、転職しない場合の効用の差分として定義される。潜在変数 Y^* と被説明変数

の転職意欲 Y は、この差が 0 を上回るとき、労働者は転職を考えること
にする。すなわち、潜在変数 Y_i^* と被説明変数の転職意欲 Y_i は、

$$Y_i = \begin{cases} 1, & (Y_i^* > 0) \\ 0, & (Y_i^* \leq 0) \end{cases}$$

という関係を持っている。すなわち、$Y_i = 1$ の時、労働者は転職を考える。
一方、$Y_i = 0$ の時、労働者は転職を考えない。

ここで、$w_{1i}(H_i, X_i)$ は、労働者が人的資本 H_i と労働生産性を左右する労
働者の教育訓練 X_i を持つときの賃金であり、$w_{2i}(H_i, X_i)$ はその期待値であ
る。z_i' は労働者の仕事特性に対する効用である。更に、C_i' は、労働者の
家族属性に対する転職のコストである。

本章では、理論的に、仮説で導き出された説明変数を実証モデルに組み
入れ、実証モデルの推計にはプロビットモデル分析を用いた。

$$\begin{aligned}
\Pr(Y_i = 1 \,|\, w_{1i}, w_{2i}, z_i, C_i) &= \Pr(Y_i^* > 0 \,|\, w_{1i}, w_{2i}, z_i, C_i) \\
&= \Pr[w_{1i}\beta_{1w} - w_{2i}\beta_{2w} + z_i'\boldsymbol{\beta}_z - C_i'\beta_c + \varepsilon_i > 0)] \\
&= \Pr[\varepsilon_i > -(w_{1i}\beta_{1w} - w_{2i}\beta_{2w} + z_i'\boldsymbol{\beta}_z - C_i'\beta_c)] \\
&= \Phi(w_{1i}\beta_{1w} - w_{2i}\beta_{2w} + z_i'\boldsymbol{\beta}_z - C_i'\beta_c)
\end{aligned}$$

$\Phi(\cdot)$ は標準正規分布の累積密度関数。誤差項 (ε_i) は、正規分布に従い、そ
の分布は説明変数とは独立であると仮定する。すなわち $\varepsilon_i \,|\, w_i, z_i, C_i \sim N(0, 1)$
を満たすとする。

しかし、この分析の難点は、転職によって想定される賃金変動 $(w_{1i}\beta_{1w}$
$- w_{2i}\beta_{2w})$ と、転職の費用 C_i' の両方を有する既存の統計データがないこと
である。例えば、先行研究でよく利用された厚生労働省の「雇用動向調査」
や家計経済研究所の「消費生活に関するパネル調査」では、転職した者の
転職後の賃金変動の情報があるものの、転職コストの情報が存在しない。
また、総務省統計局の「就業構造基本調査」では、詳細な家族属性の情報

は利用可能であるが、転職による賃金変動、あるいは転職後の賃金変動についての情報はない。更に、厚生労働省の「賃金構造基本統計調査」では、賃金構造に関する情報を最も詳細に利用できるが、家族属性に関する項目がないため転職の費用に相当する情報が存在しない。

５.２.２　使用するデータ

　上述の難点を踏まえ、本章の分析において、使用するデータは２種類のデータセットを結合させたものである。第１のデータセットは、現在の賃金データ $w_{1i}(H_i, X_i)$ と、転職の費用 C_i としては、第４章で紹介した「暮らしと働き方に関する調査（2015）」の個票データを利用することにした。この調査の詳細については第４章を参照していただきたい。使われるデータは、電機連合直下組合の技術系・企画・営業・事務系・技能系組合員の個票データである。

　研究の目的から、上述の有効回答のうち、59 歳以下の正社員の男女に限定し、更に、次項において述べる分析項目に関して欠損値があるサンプルは、分析対象から除くこととした。その結果、最終的に利用したサンプルサイズは 4,838 となった。職種の構成はソフトウェア技術者が 953 人、ハードウェア技術者が 1,214 人、企画・事務・営業系が 1,347 人と、技能系は 1,324 人である。なお、ソフトウェア技術者とハードウェア技術者の特徴は後述するが、ここでは「具体的な担当製品分野」と「実際の担当業務に必要な技術」の２項目を用いてグループ分けを行なった。

　第２のデータセットは、転職により得られる賃金の期待値 $w_{2i}(H_i, X_i)$ として、平成 27（2015）年度の「賃金構造基本統計調査」（厚生労働省）の「職種別・性別、年齢階層別、経験年数階級別所定内給与額及び年間賞与その他特別給与額」集計表を利用することにした。賃金構造基本統計調査を利用する利点は３つが考えられる。第１に、賃金構造基本調査の調査対象には、独立行政法人や地方公営企業（給水事業、電気事業、交通事業、ガス事業）にかかる事務所の一部も含まれているが、常用労働者５人以上を雇う民間の事業所が中心であり、第一データである電機連合加盟企業全てを標本対

表 5-1　電機連合調査と賃金構造基本調査の職種対応関係

本研究		調査名				備考
		電機連合調査「暮らしと働き方に関する調査」		賃金構造基本調査		
職種名	職種	職種	職務内容の説明	職種	職種内容の説明	
ソフトウェア技術者	技術者		担当製品分野と担当業務において、ソフトウェアが必要な技術	システム・エンジニア	電子計算機の規模能力を考慮の上、業務を総合的に分析し、より効果的にシステムを利用できるよう、業務をシステム化するための設計をする仕事に従事する者をいう。	
				プログラマー	主としてシステム・エンジニアによって作成されたデータ処理のシステムに基づいて、電子計算機に行わせるプログラムを作成し、操作手順書を作る仕事に従事する者をいう。	
ハードウェア技術者	技術者		担当製品分野と担当業務において、ハードウェアが必要な技術	技術士	科学技術に関する高度の専門的応用能力を必要とする事項についての計画、研究、設計、分析、試験、評価、または、これらに関する指導の業務を行なう者を言う。	技術士法（昭和58年法律第25号）に基づく技術士の資格を有し、文部科学大臣の登録を受けた者をいう。
企画・営業・事務系	企画職	人事・教育・経理・財務、法務、知的財産、企画・調査など				
	事務職	一般事務、部内庶務、その他一般事務の職務		販売員（百貨店店員を除く）	店舗において、商品を販売（卸売、小売を問わない。）する仕事に従事する者をいう。	
	営業職	営業、販売、販売促進、営業技術、修理・サービスなど				
技能系	技能職	製品組立職、装置操作職、機械・加工職、監督指導職、製造関連職		通信機器組立工	通信機械器具の部品、組み立てられた部分品または完成品を組み立て、作成する仕事に従事する者をいう。	

100

象に含んでいる点である。第2に、賃金構造基本調査は毎年6月に調査を実施するため、最新の賃金動向が把握可能な点である。第3に、職種別に賃金構造データが利用可能な点である。表5-1は賃金構造基本調査の職種と電機連合調査の職種対応関係をまとめたものである。最終的に職種対応関係から、主要な説明変数である賃金について、無回答や欠損値の観測値を削除し、分析データにおける観測値の数は4職種、男女別、年齢階級8区分、経験年数階級5区分とした。

5.2.3　分析項目

(1) 被説明変数

　以上の観点から、労働者の転職意欲を生じさせる要因について分析を行なう。まず被説明変数として、「転職意欲の有無」を表す変数を用いる。具体的には「あなたの今後の進みたい道や働き方についてお聞きします」という質問に対して、「自分の専門性や特殊技能を十分に発揮できる会社にかわりたい」を用いた。回答方法は、「1. あてはまる」、「2. ややあてはまる」、「3. あまり当てはまらない」、「4. あてはまらない」という4件法であり、「あてはまる」と「ややあてはまる」と回答した場合に1、それ以外の選択肢を選んだ場合に0をとるダミー変数を作成した。

(2) 説明変数

　説明変数に関しては、(a) 転職により得られる賃金の上昇額、(b) 得られる賃金を左右するもの（教育訓練）、(c) 非金銭的効用（仕事特性）、と (d) 転職コスト、の4種類に区分できる。以下にその詳細を記す。

<u>(a) **転職により得られる賃金の上昇額**</u>として、労働市場で同じ職種もしくは他職種と比較した時の相対賃金を用いた。

　Clark et al.（2008）や Clark and Senik（2010）で述べられているように、相対賃金の比較対象は研究目的に応じて設定する必要がある。花岡（2009, 2010）では Schumacher（1997）を参考に、もし介護従事者が他職種に就業

したらどれくらいの賃金を得るかという仮定を基に、介護従事者の賃金の対数から全産業の平均賃金の対数を引くという作業によって定義付けている。本章はそれと同様に以下のように定義する。

$$\ln(INC_i) = \ln(INC_i^E) - \ln(INC_i^C)$$

現在の賃金（INC_i^C）：現在の賃金として、「暮らしと働き方に関する調査」（2015年）の調査票にある各個人における、前年度（2014年）1月～12月の1年間の本人の年収を用いた。

同職種への転職による賃金の上昇額（INC_i^E）：同職種で別の会社に転職した場合の賃金の上昇額として、2015年「賃金構造基本統計調査」（全国）（厚生労働省）の「職種別・性別・年齢階級別・経験年数区分別の賃金」[9] を用いた。すなわち、労働者 i と同じ職種、同じ性別、同じ年齢階級で、同じ経験年数区分の賃金を、労働者 i が他の会社で同じ職種に就いた場合の賃金上昇額の期待値とした。

他職種への転職による賃金の上昇額（INC_i^E）：他職種に就業した場合の期待賃金として、2015年「賃金構造基本統計調査」（全国）（厚生労働省）の産業計・企業規模計の正規従業者における性別・学歴別・年齢階級別・勤続年数階級区分別の年収集計表を用いた。すなわち、労働者 i と同性、同じ学歴、同じ年齢階級で、同じ勤続年数区分の賃金を、労働者 i が別の会社で今の職種以外に就いた場合の期待賃金とした。

(b) 得られる賃金を左右するものとして、現在のスキルの汎用性（社内及び社外）、スキル向上のための自己啓発時間と、会社による能力開発に対する知覚を用いた。

現在のスキルの汎用性として、「あなたの能力やスキルは、どの程度通用すると思いますか。a. 職場、b. 社内、c. 社外のそれぞれについて、あては

---

[9] 賃金とは、2015年所定内給与＊12＋年間賞与

まる番号を○で組んでください」という質問に対して、b. 社内と c. 社外の項目を用いた。回答方法は、「1. 第一人者として通用する」、「2. 十分通用する」、「3. ある程度通用する」、「4. 通用するか不安がある」という 4 件法であり、「第一人者として通用する」と「十分通用する」と回答した場合に 1、それ以外の選択肢を選んだ場合に 0 を取るダミー変数を作成した。**自己啓発**として、「あなたが自己啓発に振り向けている時間は 1 週間でどのぐらいの時間ですか。なお、自己啓発をしていない方は 0 と記入してください。」という質問項目を使用した。

会社による能力開発に対する知覚として、「あなたの能力開発の状況についてお聞きします」という質問に対して、「会社は従業員に対する能力開発に積極的である」を用いた。回答方法は、「1. あてはまる」、「2. ややあてはまる」、「3. あまりあてはまらない」、「4. あてはまらない」という 4 件法であり、「あてはまる」と「ややあてはまる」と回答した場合に 1、それ以外の選択肢を選んだ場合に 0 を取るダミー変数を作成した。

<u>(c) 仕事特性</u>として、「あなたは今の仕事についてどのようにお考えですか」という質問を用いた。「自分のペースで働くことができる」という項目を「仕事の自律性」とし、「自分の能力を発揮できる」という項目を「仕事の有能感」とし、「自分の担当職務に期待される成果を出せている」という項目を「仕事の成果」とし、「今の仕事には、独創性が必要だ」という項目を「(仕事に) 独創性が必要」とした。回答方法は、「1. あてはまる」、「2. ややあてはまる」、「3. あまりあてはまらない」、「4. あてはまらない」という 4 件法であり、「あてはまる」と「ややあてはまる」と回答した場合に 1、それ以外の選択肢を選んだ場合に 0 を取るダミー変数を作成した。

(d) 転職に伴う費用に関わるものとして

① **婚姻状況**（有配偶者＝1、その他＝0 のダミー変数）、子どもの有無（未就学の子ども、小中学校の子ども、高校の子どもがいる場合＝1、その他＝0 のダミー変数）

② **住居形態**（1. 持家ローン返済中　2. 持家ローン返済なし　3. 賃貸　4. 社宅・寮　5. 親・近親者の家のダミー変数）、

③ **日常的に介護が必要な家族の有無**（介護家族がいる同居の場合＝1、その他＝0のダミー変数）を利用した。

　以上の変数に加え、統制変数として、性別（女性＝1、男性＝0のダミー変数）、学歴ダミー、勤続年数ダミー変数を分析に用いた。

5.3　分析結果

5.3.1　記述統計

　第4章では「暮らしと働き方に関する調査（2005）」の組合員データ全体の特徴について概観した。ここでは、まず男女別で利用するデータの特徴について見ておきたい。先行研究で検討したように、日本の大企業は、一部の専門職等を除いて新卒一括採用制を採っており、定期的な配置転換を通じたOJTと研修等のOff-JTを組み合わせ、長期に渡る人材育成を行なっている。ただし、こうした人材育成のあり方は男女で大きく異なる。男性は、長期勤続を前提に職務を異動しながら知識と経験を獲得し、勤続に応じて昇進する。これに対して、女性は短期勤続者と見なされ、「女性職」に配置され、異動は限定されがちであり、勤続を重ねても管理職に昇進することは少ない。賃金構造とキャリアの関係を検討する際に、企業内の性別職務分離は、労働市場での男女格差を生み出す極めて重要な構造的特質と言える。電機連合加盟企業もこのような構造であるかどうかを検討する。

　表5-2は、電機連合組合員の男女別の個人属性、家族属性、表5-3は同組合員の男女別の労働条件についての分析結果である。

　まず、分析対象者（n＝4,838）の学歴分布については、男性は、大卒（33.7％）の割合が最も高いが、女性では、高卒以下の割合が最も高いことが分かる。また、男性は、大卒に続き、高卒（33.4％）、大学院修士卒（24.1％）の順に割合が高い。女性は高卒に続き、大卒（29.0％）、専門学校（24.4％）が占めており、女性の方は、低学歴層がやや多い。χ^2検定の結果、最終学歴には1％水準で有意な男女差があることを確認された。

表 5-2　個人属性・家族属性の分布

		男性 （N=4163）		女性 （N=615）		
		度数	割合	度数	割合	カイ2乗
最終学歴	高卒以下	1,391	33.4%	239	35.4%	
	専門学校	300	7.2%	165	24.4%	
	大卒	1,401	33.7%	196	29.0%	236.43***
	大学院修士	1,004	24.1%	71	10.5%	
	大学院博士	67	1.6%	4	0.6%	
年齢階級	20～24歳	33	0.8%	11	1.6%	
	25～29歳	711	17.1%	141	20.9%	
	30～34歳	925	22.2%	103	15.3%	
	35～39歳	835	20.1%	103	15.3%	39.89***
	40～44歳	737	17.7%	126	18.7%	
	45～49歳	545	13.1%	113	16.7%	
	50～54歳	290	7.0%	63	9.3%	
	55～59歳	87	2.1%	15	2.2%	
勤続年数	0年	12	0.3%	2	0.3%	
	1～2年	173	4.2%	35	5.2%	
	3～4年	313	7.5%	60	8.9%	
	5～9年	1,117	26.8%	160	23.7%	
	10～14年	654	15.7%	71	10.5%	41.25***
	15～19年	525	12.6%	74	11.0%	
	20～24年	642	15.4%	98	14.5%	
	25～29年	419	10.1%	92	13.6%	
	30年以上	308	7.4%	83	12.3%	
配偶者有無	無し	1,334	32.0%	329	34.4%	71.77***
	有り	2,829	68.0%	346	65.6%	
子供有無	無し	2,200	52.8%	496	73.5%	100.24***
	有り	1,963	47.2%	179	26.5%	
介護家族有無	無し	4,076	97.9%	650	97.7%	6.69**
	有り	87	2.1%	25	2.3%	
住居形態	持家ローン	1,642	39.4%	231	34.2%	
	持家	348	8.4%	97	14.4%	
	賃貸	1,340	32.2%	179	26.5%	106.41***
	社宅	531	12.8%	54	8.0%	
	親・近親	302	7.3%	114	16.9%	

注：***p<.001
「専門学校」は、専門学校、短大卒を表す

次に、サンプル全体の平均年齢は 37.7 歳（男性：37.6 歳；女性：38.3 歳）、標準偏差は 8.10（男性 8.05：女性 8.78）であり、t 検定の結果、0.1％水準で女性の方が有意に高いことが示された。更に年齢を歳間隔で分けた年齢分布を見ると、男性は 30〜34 歳（N＝925, 22.2％）の割合が最も高く、35〜39 歳の年齢層（N＝835, 20.1％）が次いで高い。女性は 25〜29 歳の年齢層（N＝141, 20.9％）の割合が最も高く、続いて 40〜44 歳（N＝126, 18.7％）が高い。χ^2 検定の結果、0.1％水準で有意な差が確認された。分析の際には、サンプルを 59 歳以下に限定して分析するため、今回のサンプルの年齢は男女共にやや低い層に偏っている。

　勤続年数の平均値は、男性が 14.8 年、標準偏差の 9.2 であるのに対し、女性は平均年数 16.1、標準偏差は 10.2 だった。よって女性の平均勤続年数は男性より長いことが分かった。勤続年数分布を見ると、男女共に 5〜9 年（男性：N＝1117, 26.8％；女性：N＝160, 23.7％）の割合が最も高く、男性は 10〜14 年（N＝654, 15.7％）が次いで高い。女性は勤続年数 20〜24 年（N＝98, 14.5％）の割合が次いで高い。χ^2 検定の結果、0.1％水準で有意な差が確認された。

　表 5-2 の下 4 段は家族属性を男女別に示したものである。いずれの項目においても χ^2 検定では 0.1％水準の有意な男女差が確認された。未婚の割合は男性が 32.0％、女性が 34.4％であった。子どもが有る者の割合は、男性が 52.8％、女性が 73.5％であった。介護が必要な家族有りの割合は、男女共に 2％近くいる。また、住居形態について、男女共に持家ローン返済中が最も多いことがわかる。χ^2 検定を行なったところ、0.1％水準で有意な男女差があることが確認された。

　次に、1 ヵ月の所定外労働時間、現在の年収の分布を男女別で比較する（表 5-3）。所定外労働時間の分布を見ると、50 時間以上の割合が、男性の 12.7％であるのに対し、女性では 3.5％であり、男性の方が残業時間が長いことが分かった。χ^2 検定を行なったところ、0.1％水準で有意な男女差が確認された。現在の年収に関しては、500 万円未満の割合は男性が 24.2％で、女性が 61.9％であり、χ^2 検定の結果は 0.1％水準で有意な差が確認

表 5-3　男女別所定外労働時間、年収の分布

		男性		女性		
		度数	割合	度数	割合	カイ 2 乗
所定外労働時間	10 時間以下	709	18.5%	303	50.7%	
	11 ～ 30 時間未満	1,525	39.7%	188	31.4%	
	30 ～ 50 時間未満	1,116	29.1%	86	14.4%	323.545***
	50 ～ 160 時間未満	446	11.6%	19	3.2%	
	160 時間以上	41	1.1%	2	0.3%	
年収	1000 千円以下	3	0.1%	1	0.1%	
	1000 ～ 2000 千円未満	4	0.1%	6	0.9%	
	2000 ～ 3000 千円未満	44	1.1%	51	7.6%	
	3000 ～ 4000 千円未満	275	6.6%	156	23.1%	
	4000 ～ 5000 千円未満	679	16.3%	204	30.2%	
	5000 ～ 6000 千円未満	984	23.6%	144	21.3%	544.582***
	6000 ～ 7000 千円未満	921	22.1%	69	10.2%	
	7000 ～ 8000 千円未満	682	16.4%	26	3.9%	
	8000 ～ 9000 千円未満	373	9.0%	14	2.1%	
	9000 ～ 10000 千円未満	147	3.5%	3	0.4%	
	10000 千円以上	51	1.2%	1	0.1%	

注：***p<.001

された。女性の 6 割が年収 500 万円未満である。

　このように、分析データの特徴を、男女比較を通して見てきたが、個人属性、家族属性、労働条件の全てにおいて、男性と女性では大きく異なることが確認された。これらの特徴を念頭において、第 6 章、7 章においても進めることにする。

5.3.2　ソフトウェア技術者とハードウェア技術者の特徴

　次に、職種別のサンプルの特徴を見ておきたい。企画・営業・事務系と技能系に関しては、第 4 章を参照していただきたい。ここでは、ソフトウェア技術者とハードウェア技術者との比較を中心に記述する。表 5-4 は、ソフトウェア技術者とハードウェア技術者の個人属性分布、表 5-5 はソフトウェア技術者とハードウェア技術者の家族属性分布を示している。

　表 5-4、ソフトウェア技術者とハードウェア技術者の性別分布について、

表 5-4 技術職職種別個人属性の分布

		ソフトウェア技術者		ハードウェア技術者		
		度数	割合	度数	割合	カイ2乗
性別	男性	850	89.2%	1,151	94.8%	23.82***
	女性	103	10.8%	63	5.2%	
年齢階級	20～24歳	7	0.7%	12	1.0%	9.31
	25～29歳	207	21.7%	254	20.9%	
	30～34歳	267	28.0%	331	27.3%	
	35～39歳	208	21.8%	234	19.3%	
	40～44歳	108	11.3%	166	13.7%	
	45～49歳	103	10.8%	142	11.7%	
	50～54歳	46	4.8%	54	4.4%	
	55～59歳	7	0.7%	21	1.7%	
最終学歴	高卒以下	90	9.4%	143	11.8%	39.34***
	専門学校	64	6.7%	80	6.6%	
	大卒	415	43.5%	387	31.9%	
	大学院修士	367	38.5%	551	45.4%	
	大学院博士	17	1.8%	53	4.4%	
勤続年数	0年	2	0.2%	10	0.8%	10.43***
	1～2年	59	6.2%	85	7.0%	
	3～4年	91	9.5%	139	11.4%	
	5～9年	297	31.2%	381	31.4%	
	10～14年	192	20.1%	201	16.6%	
	15～19年	118	12.4%	139	11.4%	
	20～24年	100	10.5%	132	10.9%	
	25～29年	61	6.4%	82	6.8%	
	30年以上	33	3.5%	45	3.7%	

注：***p<.001

女性の割合に着目すると、ソフトウェア技術者の女性割合は10.8%である
のに対して、ハードウェア技術者の女性割合は5.2%で、相対的に少ない。
χ^2検定の結果、有意な分布の差が確認された。

　ソフトウェア技術者とハードウェア技術者の年齢階級分布を見ると、ソ
フトウェア技術者、ハードウェア技術者共に、30～34歳の割合が最も高
くなっていることが分かる。χ^2検定を行なったところ、有意な分布の差
は確認されなかった。

次に、ソフトウェア技術者とハードウェア技術者の最終学歴について、χ^2検定の結果、0.1％水準で有意な分布の差が確認された。ハードウェア技術者と比べると、ソフトウェア技術者の最終学歴は大卒の割合（43.5％）が高く、修士卒の割合（38.5％）が低かった。

ソフトウェア技術者とハードウェア技術者の勤続年数分布について、両職種共に5～9年（ソフトウェア技術者：N＝297, 31.2％；ハードウェア技術者：N＝381, 31.4％）の割合が最も高い。分布の形状は、ソフトウェア技術者及びハードウェア技術者とで大きな違いは見られないものの、χ^2検定の結果、0.1％水準で有意な分布の差が確認された。勤続年数5年以下の割合は、ソフトウェア技術者が16％、ハードウェア技術者が19.3％で、ハードウェアの方が勤続年数は短い。

続いて、ソフトウェア技術者とハードウェア技術者の家族属性の分布を表5-5にて見る。

χ^2検定を行なったところ、配偶者の有無及び住居形態において、1％水準の有意差が確認された。子どもの有無や、介護が必要な家族の有無には、ほとんど違いがなかった。

表5-5　技術職職種別家族属性の分布

		ソフトウェア技術者		ハードウェア技術者		
		度数	割合	度数	割合	カイ2乗
配偶者有無	無し	386	40.5%	439	36.2%	4.27**
	有り	567	59.5%	775	63.8%	
子供有無	無し	569	59.7%	689	56.8%	1.91
	有り	384	40.3%	525	43.2%	
介護家族有無	無し	937	98.3%	1,203	99.1%	2.59
	有り	16	1.7%	11	0.9%	
住居形態	持家ローン（返済済み）	320	33.6%	396	32.6%	
	持家ローン（返済中）	60	6.3%	88	7.2%	
	賃貸	390	40.9%	456	37.6%	15.01***
	社宅	116	12.2%	211	17.4%	
	親・近親	67	7.0%	63	5.2%	

注：***p<.001

以上、技術者の特徴をソフトウェア技術者とハードウェア技術者との比較を通して見てきた。

5.3.3 職種別転職意欲の有無

本項では、仮説検証に際しての被説明変数である転職意欲の有無、説明変数、転職による賃金の上昇額、教育訓練、仕事特性の諸指標の水準及び特徴について見ておきたい。

まず、表5-6に、転職意欲の有無の職種比較の結果を示す。職種別で、将来別の会社に移りたいと思う従業員について、ソフトウェア技術者は56.1%、ハードウェア技術者は51.9%、事務・営業・企画系は45.8%であった。転職意欲が最も低かった職種は技能職34.6%であり、職種によって転職意欲に開きがあることが分かった。そして、ソフトウェア技術者とハードウェア技術者は、転職意欲有りの方が半分以上で、転職意欲無しの方が半分以下であるが、事務・営業・企画系と技能系の場合はちょうどその逆である。

表5-6 職種別転職意欲の有無

	ソフトウェア技術者		ハードウェア技術者		事務・営業・企画系		技能系	
	n	%	n	%	n	%	n	%
転職意欲有り	535	56.10%	630	51.90%	617	45.80%	575	43.40%
転職意欲無し	418	43.90%	584	48.10%	730	54.20%	749	56.60%

（1）職種別転職による賃金上昇額の違い

職種別賃金分布の特性について、表5-7に各職種における賃金の現在値、転職による賃金の上昇額に関する基本統計量を示した。サンプル全体または職種別に共通しているのは、現在賃金の平均値より、転職する場合に得られる賃金の平均値が低いことである。そして、サンプル全体において、同職種に転職する場合の期待賃金の平均値は、他職種に転職する場合の期待賃金よりも80万円低くなっている。

職種別に見ると、ソフトウェア技術者、企画・事務・販売系と、技能系

表5-7 賃金の現在値、期待値の記述統計量①

		サンプル全体			ソフトウェア技術者			ハードウェア技術者		
		賃金現在値(千円)	賃金期待値(同職種)	賃金期待値(他職種)	賃金現在値(千円)	賃金期待値(同職種)	賃金期待値(他職種)	賃金現在値(千円)	賃金期待値(同職種)	賃金期待値(他職種)
度数	有効	4838	4838	4838	953	953	953	1214	1214	1214
	欠損値	0	0	0	0	0	0	0	0	0
平均値		5725.1	4665.2	5484.8	5895.7	5284.3	5620.3	6017.0	6000.1	5639.5
中央値		5500.0	4553.8	5049.5	6000.0	5300.9	5048.7	6000.0	5703.8	5048.7
標準偏差		1653.6	1249.8	1421.2	1660.0	866.4	1525.4	1710.6	978.4	1526.1
最小値		300	1985	2365	300	3291	3039	360	3398	2365
最大値		16000	8611	9687	11000	8611	9687	12000	7745	9687
パーセンタイル	10	3700	3219	3779	3800	4033	4010	4000	4554	3816
	20	4300	3423	4291	4500	4374	4349	4500	5263	4349
	30	5000	3983	4597	5000	4943	4597	5000	5358	4976
	40	5000	4309	5049	5200	4943	5049	5500	5704	5049
	50	5500	4554	5050	6000	5301	5049	6000	5704	5049
	60	6000	4875	5595	6088	5390	5595	6280	6458	5595
	70	6500	5288	6110	7000	6228	6110	7000	6518	6110
	80	7000	5704	6571	7500	6231	6571	7500	7184	6956
	90	8000	6458	7245	8000	6341	7975	8065	7309	7950
	100	16000	8611	9687	11000	8611	9687	12000	7745	9687

表5-7 (続) 賃金の現在値、期待値の記述統計量②

		サンプル全体			企画・営業・事務系			技能系		
		賃金現在値(千円)	賃金期待値(同職種)	賃金期待値(他職種)	賃金現在値(千円)	賃金期待値(同職種)	賃金期待値(他職種)	賃金現在値(千円)	賃金期待値(同職種)	賃金期待値(他職種)
度数	有効	4838	4838	4838	1347	1347	1347	1324	1324	1324
	欠損値	0	0	0	0	0	0	0	0	0
平均値		5725.1	4665.2	5484.8	5647.0	3725.2	5436.3	5414.3	3952.1	5294.6
中央値		5500.0	4553.8	5049.5	5500.0	3423.3	5048.7	5000.0	3982.6	5292.2
標準偏差		1653.6	1249.8	1421.2	1688.9	660.9	1438.5	1492.2	727.5	1181.5
最小値		300	1985	2365	600	2167	2569	1200	1985	2620
最大値		16000	8611	9687	16000	4973	9687	10000	5723	9687
パーセンタイル	10	3700	3219	3779	3500	3087	3865	3500	2846	3647
	20	4300	3423	4291	4000	3200	4349	4000	3275	4157
	30	5000	3983	4597	4744	3243	4539	4500	3502	4659
	40	5000	4309	5049	5000	3348	5042	5000	3983	4976
	50	5500	4554	5050	5500	3423	5049	5000	3983	5292
	60	6000	4875	5595	6000	3834	5473	5800	4309	5595
	70	6500	5288	6110	6500	4193	6042	6000	4309	5879
	80	7000	5704	6571	7000	4433	6284	6800	4683	6179
	90	8000	6458	7245	8000	4615	7245	7300	4875	6956
	100	16000	8611	9687	16000	4973	9687	10000	5723	9687

では、同職種に転職する場合の平均値が、他職種に転職する場合の平均値よりも低くなっているのに対して、ハードウェア技術者においては、同職種に転職する場合の平均値が、他職種よりも 37 万円も高くなっている。

　続いて、賃金の現在値、転職による賃金上昇の期待値（同職種）と、転職による賃金上昇の期待値（他職種）の分布を示したのが図 5-1 から図 5-5 である。まず、図 5-1 サンプル全体から見ると、現在の賃金と他職種へ転職する場合の期待賃金では、分布の形状に大きな違いは見られない。一方で、現在の賃金と同職種へ転職する場合の期待賃金の分布に大きな違いが見られる。図 5-1 を見ればわかるように、現在の賃金の方が分布のピークが右側に位置している。これについては、電機連合の調査では、大手企業で働く労働者が多く含まれる可能性が考えられる。

　職種別で見ると、全ての職種において、現在の賃金と他職種へ転職する場合の期待賃金での分布に大きな違いは見られないのに対して、現在の賃金と同職種へ転職する場合の期待賃金での分布の形状との間に大きな違いが見られる。図 5-4、企画・事務・営業系、及び技能系の場合、サンプル全体の場合と同様に、現在の年収の方が分布のピークが右側に位置している。図

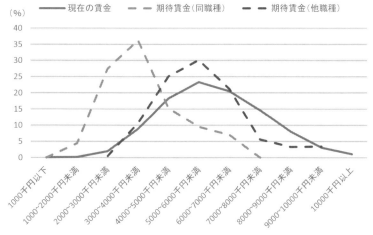

図 5-1　賃金分布の比較サンプル（全体）

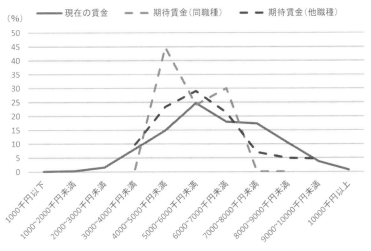

図 5-2　賃金分布の比較（ソフトウェア技術者）

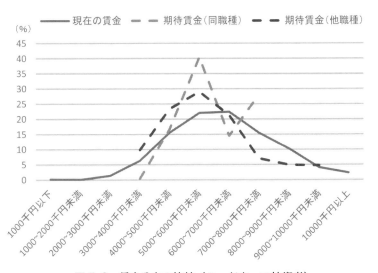

図 5-3　賃金分布の比較（ハードウェア技術者）

5-3、ハードウェア技術者においては、同職種へ転職する場合、そのピークは、現在の賃金分布のピークと同位置であるが、高収入層がほとんどいない。そ

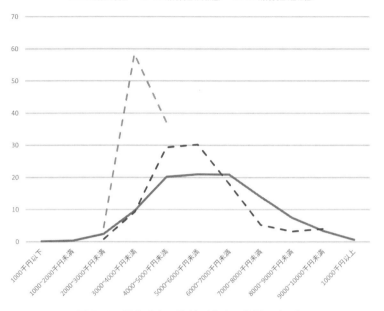

図 5-4　賃金分布の比較（事務・営業・企画）

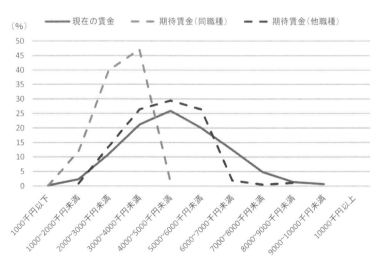

図 5-5　賃金分布の比較（技能系）

れに対して、ソフトウェア技術者においては、独特の賃金分布を示している。ソフトウェア技術者の現在賃金は、500万～600万円台にピークを持つのに対して、同じ職種へ転職する場合の期待賃金は、それより高いピークと、それより低いピークの2つを持つ。その理由としては、ソフトウェア産業の業界構造が、少数の大手元請け企業と多数の中小下請け企業から構成されたピラミッド構造で、同じソフトウェア職でも、より規模が大きい企業へ転職すると、期待賃金の上昇額が大きく、より規模が小さい企業へ転職すると、期待賃金の上昇額がマイナスになることが考えられる。

(2) 職種別スキルの汎用性及び教育訓練の違い

図5-6と図5-7は、ソフトウェア技術者、ハードウェア技術者、事務・営業・企画系、技能系のそれぞれにおける職務を遂行するためのスキルの汎用性の分布を示したものである。まず、社内におけるスキルの汎用性について、図5-6から分かるように、ソフトウェア技術者、ハードウェア技術者と事務・営業・企画系の3職種においては、社内スキルの汎用性の違いはほとんどないに対して、技能系は、「通用するか不安がある」と「ある程度通用する」と回答した者の割合を合わせると、67.1%となり、他の職種よりやや高い数値を示す。

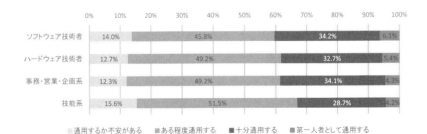

図5-6　職種別スキルの汎用性（社内）

続いて、図5-7、社外におけるスキルの汎用性については、ソフトウェア技術者とハードウェア技術者において分布の形状に違いはほとんどない

のに対して、事務・営業・企画系においては、「通用するか不安がある」
と「ある程度通用する」と回答した者の割合を合わせると、技術職種より
やや高い数値であり、スキルの汎用性に自信が低い者の割合が大きい。

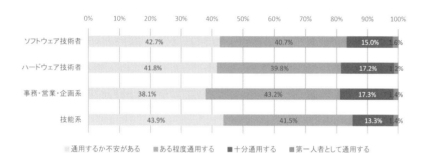

図5-7　職種別スキルの汎用性（社外）

（3）職種別仕事特性の違い

　図5-8から5-11は職種別に、仕事特性の分布を示している。まず、図
5-8仕事の自律性（裁量性）の分布を比較する。「自分のペースで働くこと
ができる」に対して、「あてはまる」と「ややあてはまる」と回答した者
の割合を合わせると、事務・営業・企画系は最も高い割合（64.2%）を示
している。他の3職種は、ソフトウェア技術者（59.8%）、ハードウェア技
術者（57.0%）、そして、技能系（56.8%）の順となっているが、職種によ

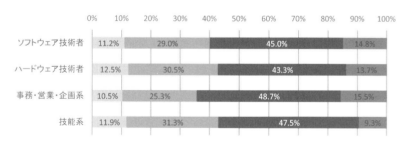

図5-8　職種別仕事の特性（自律性）

る分布の差はほとんど見られない。

　次に、図5-9で、独創性が必要な仕事の分布を見てみる。「あてはまる」と「やや当てはまる」と回答したものの割合を合わせると、ハードウェア技術者は最も高い割合（59％）を示している。これは、ハードウェア技術者の職務において、最も重要なのは設計であるという坂田（2005）の指摘と整合的である。ソフトウェア技術者においても、仕事には独創性が必要と回答した者の割合は55.4％と高い水準を示している。

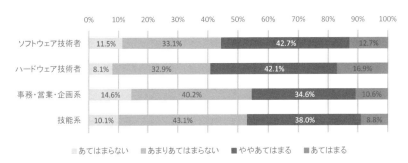

図5-9　職種別仕事の特性（独創性）

　続いて、図5-10で、仕事成果の分布特性を比較する。「自分の担当職務に期待される成果を出せている」に対して、「あてはまる」と「ややあてはまる」と回答したものの割合を合わせると、ソフトウェア技術者は66.1％、

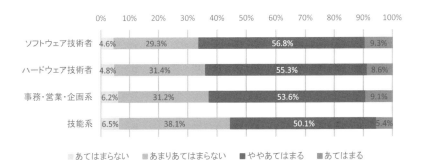

図5-10　職種別仕事の特性（成果）

ハードウェア技術者の割合は 63.9%、事務・営業・企画系は 62.7%、技能系は 55.5%の順になっている。この点については、ソフトウェア技術者とハードウェア技術者においては、先行研究で指摘されたように、職務内容が明確でスキルが標準化されているため、仕事の成果に対する自己評価が高いと考えられる。

　最後に、図 5-11 で、仕事の有能感について見てみる。仕事の成果と同じ分布の形状を示し、2 つの技術職で有能感が高い。

　以上、仕事の自律性、独創性の必要な仕事、仕事の成果と、仕事の有能感 4 つの側面から職種別での仕事特性を比較した。仕事の自律性、分布の形状の違いはほとんど見られないものの、独創性の必要な仕事、仕事の成果や仕事の有能感において、ソフトウェア技術者とハードウェア技術者の回答には肯定的なものが高い割合を示しており、他の職種と異なる仕事特性を有することが明らかになった。

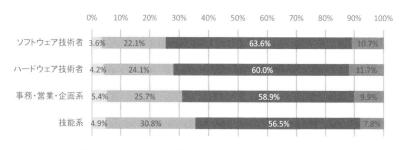

図 5-11　職種別仕事の特性（有能感）

5.3.4　転職意欲の有無を被説明変数としたプロビット分析の結果
（1）転職意欲の規定要因

　本章の仮説を検証するため、転職意欲の有無を被説明変数とするプロビット分析を行なった。結果を表 5-8 に示す。まず、同じ職種へ転職することにより得られる賃金変動の効果を確認するため、転職による賃金の変化（同職種と比較）、教育訓練要素と、仕事特性諸指標と転職コストの代理

指標である家族属性を投入し、分析結果を示したのがmodel1である。次に、他職種へ転職することにより得られる賃金変動の効果を確認するため、転職による賃金の変化（他職種と比較）、教育訓練要素、仕事特性諸指標と転職コストの代理指標である家族属性を投入し、分析結果を示したがmodel2である。

　表5-8において、第1に、同職種へ転職することにより得られる賃金変化の効果（model1）に関しては、有意な正の影響を及ぼすことが確認された。第2に、転職意欲が有意に促進される要因として、勤続年数が短いこと、社内、あるいは社外において、スキルの汎用性があると認識すること、普段自己啓発をすること、仕事の成果が出せることが確認された。第3に、自分のペースで働けること、仕事を遂行する上で、自分の能力を発揮できること、すなわち、仕事とのマッチングが良いことで、転職意欲は有意に抑制される。これらの結果から、金銭的効用仮説、教育訓練仮説は支持されると考えられる。一方で、独創性が必要な仕事に関しては、転職意欲への有意な正の影響が確認された。これは、仕事に独創性が必要だと感じるということは、今の自分の能力と仕事とのマッチングが不十分であるという認識が存在するからで、これにより、転職意欲は向上すると解釈できる。従って、仕事特性仮説も支持されると考えられる。

　次に、他職種へ転職したい場合の結果（model2）について見よう。同じ職種へ転職する場合と同様に、他職種への転職による期待賃金の上昇は、転職意欲に有意な正の影響を及ぼすことが確認された。職種ダミーの効果については、ソフトウェア技術者である場合のみ、有意な正の影響が確認された。転職の意思決定において、ソフトウェア技術者は、他の職種と異なると考えられる。以上より、他職種への転職の場合も、金銭的効用仮説、教育訓練仮説と、仕事特性仮説は共に支持された。

（2）職種別の転職意欲有無の規定要因

　ここでは、転職の意思決定をする際に、職種別に違いがあるかどうかについての検討を行なう。表5-9から表5-12まではそれぞれソフトウェア

表 5-8　転職意欲の規定要因　プロビット分析（勤続年数効果）

	model1			model2		
	限界効果	標準誤差		限界効果	標準誤差	
Z 転職による賃金の変化(同職種)	0.028	0.009	***			
Z 転職による賃金の変化(他職種)				0.022	0.008	***
【教育訓練】						
学歴ダミー＿高卒	−0.039	0.027		−0.028	0.027	
学歴ダミー＿大卒	−0.023	0.027		−0.044	0.027	
学歴ダミー＿修士	−0.023	0.031		−0.044	0.030	
学歴ダミー＿博士	0.032	0.064		0.008	0.064	
勤続年数ダミー＿2 年以下	0.208	0.041	***	0.236	0.041	***
勤続年数ダミー＿3〜4 年	0.181	0.035	***	0.203	0.035	***
勤続年数ダミー＿5〜9 年	0.096	0.025	***	0.116	0.026	***
勤続年数ダミー＿10〜14 年	0.105	0.026	***	0.120	0.027	***
勤続年数ダミー＿15〜19 年	0.041	0.027		0.051	0.027	*
勤続年数ダミー＿25 年以上	−0.023	0.025		−0.033	0.025	
スキルの汎用性（社内）ダミー	0.056	0.017	***	0.056	0.017	***
スキルの汎用性（社外）ダミー	0.041	0.021	*	0.040	0.021	*
自己啓発時間	0.011	0.002	***	0.011	0.002	***
会社による能力開発に対する知覚	−0.002	0.014		−0.002	0.014	
【仕事特性】						
仕事の自律性	−0.044	0.015	***	−0.044	0.015	***
仕事の有能感	−0.055	0.018	***	−0.055	0.018	***
独創性が必要	0.067	0.014	***	0.067	0.014	***
仕事の成果	0.030	0.017	*	0.030	0.017	***
【転職コスト】						
性別ダミー＿女性 =1	−0.107	0.022	***	−0.104	0.022	***
有配偶者ダミー	−0.023	0.020		−0.024	0.02	
有子どもダミー	−0.040	0.019	**	−0.041	0.019	**
有介護家族ダミー	0.005	0.047		0.004	0.047	
住居形態ダミー＿持家ローン	−0.052	0.026	**	−0.054	0.026	**
住居形態ダミー＿持家	−0.073	0.033	**	−0.076	0.033	**
住居形態ダミー＿社宅・寮	−0.031	0.024		−0.032	0.024	
住居形態ダミー＿賃貸	−0.120	0.032	***	−0.120	0.032	***
職種ダミー＿ソフトウェア	0.032	0.023		0.059	0.022	***
職種ダミー＿ハードウェア	−0.033	0.025		0.005	0.021	
職種ダミー＿技能系	0.019	0.022		0.017	0.022	
サンプル数	4838			4838		
疑似決定係数	0.097			0.097		

注：***、**、*はそれぞれ1%、5%、10%水準で有意なことを示す

技術者、ハードウェア技術者、事務・営業・企画系、と技能系の推定結果を示す。

　まず、表5-9はソフトウェア技術者の結果を示している。表から、転職意欲への影響に関して、同職種へ転職することにより得られる賃金変化（model1）と他職種へ転職することにより得られる賃金変化（model2）共に、有意な正の影響を及ぼすことが確認された。model1とmodel2に共通して、転職意欲が有意に促進される要因は、勤続年数が短いこと、社内において、スキルの汎用性があること、普段自己啓発をすること、仕事に独創性が必要であると感じている場合であることが分かった。また、仕事の有能感については負の有意な効果を示しており、ソフトウェア技術者モデルは、全体傾向との一致性が高い。会社による能力開発に対する知覚においても有意な負の効果が確認された。

　では、ハードウェア技術者はどうだろう。ハードウェア技術者の結果を示しているのは表5-10である。ハードウェア技術者においては、モデル全体の適合度（疑似決定係数）がサンプル全体、ソフトウェア技術者より低い。全体サンプルと同様に、転職意欲への影響に関して、同職種へ転職することにより得られる賃金変化（model1）と、他職種へ転職することにより得られる賃金変化（model2）共に、有意な正の影響を及ぼすことが確認された。同職種へ転職することを想定するmodel1では、普段自己啓発をすること、仕事に独創性が必要であることに転職意欲への有意な正の影響が確認された。また、仕事に有能感を感じるほど、転職意欲も有意に低下する。一方、他職種へ転職するモデルでは、勤続年数が短いこと、普段自己啓発をすること、仕事に独創性が必要であると感じていることが転職意欲へ有意な正の影響を与えることが確認された。スキルの汎用性については、いずれのハードウェア技術者モデルにおいても、有意な効果は確認されなかった。ハードウェア技術者モデルに関しても、ソフトウェア技術者と同様金銭的効用仮説、教育訓練仮説と、仕事特性仮説は支持されたと考えられる。

　次に表5-11、事務・営業・企画系においては、同職種へ転職すること

表5-9　ソフトウェア技術者の転職意欲の規定要因　プロビット分析（勤続年数効果）

	model1		model2	
	限界効果	標準誤差	限界効果	標準誤差
Z 転職による賃金の変化(同職種)	0.043	0.02 **		
Z 転職による賃金の変化(他職種)			0.035	0.018 *
【教育訓練】				
学歴ダミー＿高卒	0.011	0.078	0.027	0.078
学歴ダミー＿大卒	-0.019	0.065	-0.06	0.067
学歴ダミー＿修士	-0.04	0.071	-0.082	0.07
学歴ダミー＿博士	0.085	0.137	0.04	0.136
勤続年数ダミー＿2 年以下	0.356	0.09 ***	0.407	0.089 ***
勤続年数ダミー＿3〜4 年	0.293	0.079 ***	0.333	0.081 ***
勤続年数ダミー＿5〜9 年	0.139	0.061 **	0.177	0.064 ***
勤続年数ダミー＿10〜14 年	0.2	0.061 ***	0.228	0.063 ***
勤続年数ダミー＿15〜19 年	0.118	0.064 *	0.146	0.065 **
勤続年数ダミー＿25 年以上	0.063	0.068	0.047	0.069
スキルの汎用性（社内）ダミー	0.087	0.039 **	0.088	0.039 **
スキルの汎用性（社外）ダミー	-0.024	0.049	-0.025	0.049
自己啓発時間	0.008	0.005 *	0.008	0.005 *
会社による能力開発に対する知覚	-0.053	0.032 *	-0.053	0.032 *
【仕事特性】				
仕事の自律性	-0.054	0.033	-0.053	0.033
仕事の有能感	-0.089	0.042 **	-0.089	0.042 **
独創性が必要	0.055	0.032 *	0.053	0.032 *
仕事の成果	0.047	0.037	0.046	0.037
【転職コスト】				
性別ダミー＿女性 =1	-0.108	0.051 **	-0.097	0.051 *
有配偶者ダミー	0.005	0.045	0.004	0.045
有子どもダミー	-0.086	0.045 *	-0.086	0.045 *
有介護家族ダミー	-0.223	0.127 *	-0.225	0.127 *
住居形態ダミー＿持家ローン	-0.044	0.061	-0.045	0.061
住居形態ダミー＿持家	-0.076	0.081	-0.076	0.081
住居形態ダミー＿社宅・寮	-0.005	0.053	-0.004	0.053
住居形態ダミー＿賃貸	-0.076	0.076	-0.077	0.076
サンプル数	953		953	
疑似決定係数	0.066		0.065	

注：***、**、* はそれぞれ 1%、5%、10%水準で有意なことを示す

表 5-10　ハードウェア技術者の転職意欲の規定要因　プロビット分析（勤続年数効果）

	model1		model2	
	限界効果	標準誤差	限界効果	標準誤差
Z 転職による賃金の変化（同職種）	0.041	0.018 **		
Z 転職による賃金の変化（他職種）			0.038	0.017 **
【教育訓練】				
学歴ダミー _ 高卒	-0.017	0.07	-0.001	0.07
学歴ダミー _ 大卒	0.023	0.061	-0.015	0.062
学歴ダミー _ 修士	0.015	0.062	-0.02	0.061
学歴ダミー _ 博士	0.05	0.09	0.013	0.088
勤続年数ダミー _ 2 年以下	0.09	0.076	0.134	0.076 *
勤続年数ダミー _ 3〜4 年	0.107	0.068	0.143	0.069 **
勤続年数ダミー _ 5〜9 年	0.054	0.055	0.091	0.056
勤続年数ダミー _ 10〜14 年	0.024	0.057	0.053	0.058
勤続年数ダミー _ 15〜19 年	-0.02	0.06	-0.012	0.06
勤続年数ダミー _ 25 年以上	-0.087	0.062	-0.103	0.062 *
スキルの汎用性（社内）ダミー	0.037	0.037	0.037	0.037
スキルの汎用性（社外）ダミー	0.025	0.043	0.026	0.043
自己啓発時間	0.008	0.004 **	0.008	0.004 *
会社による能力開発に対する知覚	0.006	0.029	0.006	0.029
【仕事特性】				
仕事の自律性	0.008	0.03	0.008	0.03
仕事の有能感	-0.091	0.036 **	-0.091	0.036 **
独創性が必要	0.061	0.029 **	0.061	0.029 **
仕事の成果	0.028	0.034	0.029	0.034
【転職コスト】				
性別ダミー _ 女性 =1	-0.067	0.065	-0.058	0.065
有配偶者ダミー	-0.007	0.042	-0.007	0.042
有子どもダミー	-0.031	0.039	-0.03	0.039
有介護家族ダミー	0.057	0.15	0.058	0.15
住居形態ダミー _ 持家ローン	-0.073	0.051	-0.071	0.051
住居形態ダミー _ 持家	-0.139	0.068 **	-0.141	0.068 **
住居形態ダミー _ 社宅・寮	-0.084	0.043 *	-0.082	0.043 *
住居形態ダミー _ 賃貸	-0.11	0.071	-0.107	0.071
サンプル数	1214		1214	
疑似決定係数	0.039		0.039	

注：***、**、* はそれぞれ 1%、5%、10%水準で有意なことを示す

表 5-11　事務・営業・企画系の転職意欲の規定要因　プロビット分析（勤続年数効果）

	model1			model2		
	限界効果	標準誤差		限界効果	標準誤差	
Ｚ転職による賃金の変化(同職種)	0.005	0.017				
Ｚ転職による賃金の変化(他職種)				0.002	0.015	
【教育訓練】						
学歴ダミー＿高卒	-0.091	0.045	**	-0.09	0.045	**
学歴ダミー＿大卒	-0.048	0.044		-0.05	0.045	
学歴ダミー＿修士	0.055	0.062		0.052	0.062	
学歴ダミー＿博士						
勤続年数ダミー＿2年以下	0.154	0.079	*	0.158	0.079	**
勤続年数ダミー＿3〜4年	0.133	0.062	**	0.136	0.063	**
勤続年数ダミー＿5〜9年	0.061	0.047		0.063	0.049	
勤続年数ダミー＿10〜14年	0.034	0.052		0.036	0.053	
勤続年数ダミー＿15〜19年	-0.005	0.052		-0.004	0.052	
勤続年数ダミー＿25年以上	-0.012	0.046		-0.014	0.046	
スキルの汎用性（社内）ダミー	0.008	0.032		0.007	0.032	
スキルの汎用性（社外）ダミー	0.109	0.038	***	0.109	0.038	***
自己啓発時間	0.013	0.003	***	0.013	0.003	***
会社による能力開発に対する知覚	0.024	0.027		0.023	0.027	
【仕事特性】						
仕事の自律性	-0.072	0.028	**	-0.072	0.028	**
仕事の有能感	-0.049	0.033		-0.049	0.033	
独創性が必要	0.053	0.027	*	0.052	0.027	*
仕事の成果	0.041	0.031		0.041	0.031	
【転職コスト】						
性別ダミー＿女性=1	-0.109	0.033	***	-0.108	0.033	***
有配偶者ダミー	-0.051	0.035		-0.051	0.035	
有子どもダミー	-0.024	0.034		-0.025	0.034	
有介護家族ダミー	0.038	0.08		0.039	0.08	
住居形態ダミー＿持家ローン	-0.097	0.047	**	-0.097	0.047	**
住居形態ダミー＿持家	-0.133	0.061	**	-0.134	0.061	**
住居形態ダミー＿社宅・寮	-0.045	0.044		-0.045	0.044	
住居形態ダミー＿賃貸	-0.15	0.056	***	-0.15	0.056	***
サンプル数	1347			1347		
疑似決定係数	0.078			0.077		

注：***、**、*はそれぞれ1％、5％、10％水準で有意なことを示す

表 5-12　技能系の転職意欲の規定要因　プロビット分析（勤続年数効果）

	model1		model2	
	限界効果	標準誤差	限界効果	標準誤差
Z 転職による賃金の変化(同職種)	0.029	0.018		
Z 転職による賃金の変化(他職種)			0.023	0.016
【教育訓練】				
学歴ダミー＿高卒	-0.031	0.047	-0.022	0.047
学歴ダミー＿大卒	-0.06	0.064	-0.083	0.065
学歴ダミー＿修士	-0.057	0.087	-0.076	0.086
学歴ダミー＿博士				
勤続年数ダミー＿2 年以下	0.261	0.138 *	0.276	0.138 **
勤続年数ダミー＿3〜4 年	0.213	0.098 **	0.223	0.099 **
勤続年数ダミー＿5〜9 年	0.129	0.046 ***	0.144	0.046 ***
勤続年数ダミー＿10〜14 年	0.154	0.049 ***	0.164	0.049 ***
勤続年数ダミー＿15〜19 年	0.059	0.044	0.069	0.044
勤続年数ダミー＿25 年以上	-0.033	0.037	-0.042	0.038
スキルの汎用性（社内）ダミー	0.103	0.033 ***	0.103	0.033 ***
スキルの汎用性（社外）ダミー	0.031	0.042	0.03	0.042
自己啓発時間	0.012	0.005 ***	0.012	0.005 ***
会社による能力開発に対する知覚	0.005	0.027	0.005	0.027
【仕事特性】				
仕事の自律性	-0.055	0.029 *	-0.055	0.029 *
仕事の有能感	-0.009	0.034	-0.009	0.034
独創性が必要	0.087	0.027 ***	0.086	0.027 ***
仕事の成果	0.009	0.031	0.009	0.031
【転職コスト】				
性別ダミー＿女性 =1	-0.08	0.048 *	-0.084	0.048 *
有配偶者ダミー	-0.037	0.041	-0.039	0.041
有子どもダミー	-0.032	0.034	-0.032	0.034
有介護家族ダミー	0.023	0.075	0.022	0.075
住居形態ダミー＿持家ローン	0.036	0.058	0.033	0.058
住居形態ダミー＿持家	0.045	0.066	0.043	0.066
住居形態ダミー＿社宅・寮	0.024	0.061	0.023	0.061
住居形態ダミー＿賃貸	-0.076	0.066	-0.077	0.066
サンプル数	1324		1324	
疑似決定係数	0.050		0.050	

注：***、**、* はそれぞれ 1％、5％、10％水準で有意なことを示す

を想定する場合も、他職種へ転職することを想定する場合も、金銭的効用の効果は確認されなかった。両モデルに共通して、低学歴、仕事に自律性を感じることは、転職意欲と負の有意な関連がある。また、勤続年数が短いこと、社外においてスキルの汎用性があること、普段自己啓発をすること、仕事に独創性が必要であると感じていることについては転職意欲と有意な正の関連が確認された。事務・営業・企画系モデルでは、金銭的効用仮説は支持されず、教育訓練仮説と、仕事特性仮説は支持されたと考えられる。

　最後に、表5-12、技能系においては、同職種へ転職することを想定する場合も、他職種へ転職することを想定する場合も、金銭的効用の効果は確認されなかった。両職種への転職において有意に転職意欲を低下させるのは、仕事に自律性を感じる場合である。そして、勤続年数が短いこと、社内においてスキルの汎用性があること、普段自己啓発をすること、仕事に独創性が必要であると感じていることは、転職意欲と正の有意な関連を示した。技能系モデルでは、事務・営業・企画系と同様に、金銭的効用仮説は支持されず、教育訓練仮説と、仕事特性仮説は支持されたと考えられる。

5.4　考察

　第5章では、日本の競争力維持・強化において一層の活躍が期待される技術者の転職意欲について、「暮らしと働き方に関する調査」（2015）の個票データを用いて、金銭的効用、教育訓練、そして仕事特性が与える効果を、第4章で設定した「転職の意思決定モデル」の現実説明力を、プロビットモデルで検証した。また、他の職種との比較分析も行なった。分析に先立ち、利用したデータの特徴を男女別に分析した。分析データの特徴としては、個人属性、家族属性、労働条件の全てにおいて、男性と女性では大きく異なることが確認された。続いて、ソフトウェア技術者とハードウェア技術者に着目して、技術者の特徴について分析を行なった。年齢階級、就学する子どもの有無や、介護が必要な家族の有無には職種間での有意な

表 5-13　転職意欲の規定要因　まとめ

	サンプル全体		ソフトウェア技術者		ハードウェア技術者		事務・営業・企画系		技能系	
	model1	model2	model1	model2	model1	model2	model1	model2	model1	model2
Z転職による賃金の変化(同職種)	○		○		○					
Z転職による賃金の変化(他職種)		○		○				○		
【教育訓練】										
学歴ダミー_高卒							−	−		
勤続年数ダミー_2年以下	○	○	○	○			○	○	○	○
勤続年数ダミー_3〜4年	○	○	○	○			○	○	○	○
勤続年数ダミー_5〜9年	○	○	○	○					○	○
勤続年数ダミー_10〜14年	○	○	○	○					○	○
勤続年数ダミー_15〜19年		○	○	○						
勤続年数ダミー_25年以上					−					
スキルの汎用性(社内)ダミー	○	○	○	○					○	○
スキルの汎用性(社外)ダミー	○	○					○	○		
自己啓発時間	○	○	○	○	○	○	○	○	○	○
会社による能力開発に対する知覚			−	−						
【仕事特性】										
仕事の自律性	−	−								
仕事の有能感	−	−								
独創性が必要	○	○								
仕事の成果	○	○								
【転職コスト】										
性別ダミー_女性=1	−	−								
有配偶者ダミー										
有子どもダミー	−	−								
有介護家族ダミー			−							
住居形態ダミー_持家ローン	−	−					−	−		
住居形態ダミー_持家	−	−			−	−				
住居形態ダミー_社宅・寮					−	−				
住居形態ダミー_賃貸	−	−					−	−		
擬似決定係数	0.097	0.097	0.066	0.065	0.039	0.039	0.078	0.078	0.077	0.077

分布の差は見られなかったが、勤続年数においては、ソフトウェア技術者の方が 5 年以下の割合が少ない。最終学歴は、ソフトウェア技術者より、ハードウェア技術者の方が高学歴であり、既婚の割合もハードウェア技術者の方が高い。ソフトウェア技術者とハードウェア技術者には、異なる特徴があることが統計データにより明らかになった。

　次に、転職意欲の規定要因の検証結果を表 5-13 にまとめた。

　同表左の列には、「金銭的効果」、「教育訓練」、「仕事特性」と、「転職コ

スト」という4要因の諸指標を列記した。2列目からは、サンプル全体と、職種別の分析結果を示す。各欄の○は被説明変数である転職意欲に対する各行の説明変数が、統計的に正の有意な係数を持つかを示している。各欄の―は、説明変数が、統計的に負の有意な係数を持つかを示している。

　まず、サンプル全体または、職種別の仮説検証の結果は以下の通りである。

仮説1：（金銭的効用仮説）金銭的効用は、転職意欲と正の関係がある。
　→支持される：サンプル全体、ソフトウェア技術者、ハードウェア技術者
仮説2：（教育訓練仮説）スキルの汎用性は、転職意欲と正の関係にある。
　→支持される：サンプル全体、ソフトウェア技術者、事務・営業・企画系、技能系
仮説3：（教育訓練仮説）会社による能力開発に対する知覚は、転職意欲と負の関係にある。
　→支持される：ソフトウェア技術者のみ
仮説4：（教育訓練仮説）自己啓発に投入した時間が長くなるほど、転職意欲は促進される。
　→支持される：全て
仮説5：（仕事特性仮説）従業員が感じている従事する仕事の自律性は、転職意欲と負の関連がある。
仮説6：（仕事特性仮説）授業員が感じている従事する仕事の有能感は、転職意欲と負の関連がある。
仮説7：（仕事特性仮説）従業員が感じている従事する仕事の独創性は、転職意欲と負の関連がある。
仮説8：（仕事特性仮説）従業員が感じている従事する仕事に期待された成果は、転職意欲と負の関連にある。

　職種別に、4要因が転職意欲に与える影響について、次の3点が指摘できる。

・4職種において、共通に影響を与える要因は、教育訓練（自己啓発側面）、仕事特性（仕事に独創性が必要であるとの認識）である。
・技術者において、共通に影響を与える要素は、転職による賃金の変化である。これは技術以外の職種に認められなかった。
・ソフトウェア技術者とハードウェア技術者の違いに関して、スキルの汎用性と、会社による能力開発に対する知覚が挙げられる。

　以上をまとめると、本章では、実証分析により、以下の3つの知見が得られた。第1に、転職意欲において、職種差が存在し、労働市場の需給バランスが示したように、ソフトウェア技術者において、転職を考える従業員の割合が高い。第2に、労働市場の需給バランスと関連して、金銭的効用に関して、転職意欲への有意な正の効果が確認されたのは、技術職種のみである。一方で、表5-1の職種対応関係が示したように、電機連合調査と賃金構造基本調査と比較して、技術職種の対応の一致度が高くて、企画・事務・営業系と技能系に関しては、職種対応の一致度が低いため、本書で想定したのとは異なる賃金構造を持つ可能性も考えられる。第3に、ソフトウェア技術者とハードウェア技術者の転職意欲を有意に低下させるのは、会社による能力開発に対する知覚と仕事の有能感である。技術者のスキルの汎用性は有意に転職意欲を促進させることから、会社側は、限られた技術者を対象に、能力開発を実施するか、あるいは、技術者を対象にした能力開発の内容を再考する必要があるかもしれない。以上のことから、技術職の転職意欲を抑制するためには、適切な職務設計と、優れたHRM施策（能力開発）を提供する必要があることが示された。

5.5　今後の課題

　本章では、基本的な仮定が未検証として残っている。本書では、議論の前提として、転職意欲を高める様々な不満は企業にとって望ましくないものであり、不満が高まれば技術者のパフォーマンスは低下するという仮定を置いた。しかしながら、この仮定は未検証である。技術者の転職意欲は、パフォーマンスに本当にネガティブな影響を及ぼすのだろうか。このパー

フォーマンスの検討は、様々な企業戦略のみならず、政府の人的資源政策に対しても大きな影響を持つ。仮定ではなく、重要な研究テーマとして、今後の研究が必要である。また、本研究は一時点における横断的データを用いた結果であり、転職意欲の因果メカニズムが明らかにできたわけではない。特に、職務能力やスキルに対する自信は、長期にわたって形成される特性であり、それらの分析には縦断的データが必要だ。このような課題はあるものの、本書の結果は、企業においては今後の人事戦略に、政府においては人的資源政策の構築において、参考情報となるだろう。

第6章　実証分析Ⅱ：ソフトウェア技術者の転職意欲に影響を与える要因—日米比較

　第5章では、職種別に現在勤めている企業を辞めるという意思決定に関して、計量的に分析した。その結果、職種によって、転職の意思決定に対する、金銭的効用、非金銭的効用の重要性が異なることが分かった。特に、ソフトウェア技術者の場合、転職による賃金上昇の期待値は、転職意欲に有意な正の影響、会社による能力開発に対する知覚は有意な負の影響を与えることが分かった。本章では、この分析に用いたモデルが、海外においても、日本と同様に説明可能なモデルであるのかを、アメリカのソフトウェア技術者を対象として、転職の意思決定に繋がる諸要因及びその効果を日本と比較分析を行なうことで検討する。

6.1　ソフトウェア技術者に注目する理由

　ソフトウェア技術者の転職の意思決定モデルを探究する意義をまとめると次のようなことが挙げられる。

　ソフトウェア産業は他の産業と比較すれば、より人的資源に依存する産業であり、質・量共に優秀な人材を確保することが重要である。情報社会の中核を担うソフトウェア技術者は技術進歩が速い中で、複雑化していく時代の要請に対応するためのより高付加価値の製品を生み出すことが求められている。もしも、ソフトウェア技術者が、仕事満足度が低いままで業務に従事しているのであれば、能力を十分に発揮できない可能性も考えられ、そのような場合は生産性の低下に加え、ソフトウェア技術者の人材確保という観点から非常に大きな問題になるであろう。従って、彼らの特性・選好を明らかにすることは、今後の情報社会を支える人材を本質から理解

することに繋がることである。

　表 6-1 は日本とアメリカそれぞれのソフトウェア技術者[10]の現状を比較したものである。日本のソフトウェア技術者数は約 105 万人で、彼らは労働力人口の約 1.8％の少数集団でありながら、その生み出した技術・製品によって、人々の生活の質に大きな変化をもたらした。一方、アメリカのソフトウェア技術者数は約 420 万人で、労働人口の３％を占め、そのソフトウェアの発展は世界の牽引役として位置付けられているといえる。

　このように日本よりソフトウェア技術者数が高い割合で先行するアメリカにおいて、その労働市場の状況、ソフトウェア技術者の報酬、教育面を考察し、グローバル時代のニーズを踏まえた政策と働き方の面から、ソフトウェア技術者の人材育成・確保を可能にする諸要因を探る。

表 6-1 日米の就業者数とソフトウェア技術者の割合（2015 年）

	日本	アメリカ
就業者数	58,140,600	137,896,660
ソフトウェア技術者数	1,045,200	4,195,110
ソフトウェア技術者の割合（%）	1.8%	3.0%

資料出所：「平成 27 年国勢調査」（2015 年）（総務省統計局）、
アメリカは職業雇用統計（Occupational Employment Statistic）（2015 年）により筆者作成

　これまでの転職研究においては、ソフトウェア技術者を対象とした研究は十分に蓄積されてこなかった。先行研究においても、内部労働市場が発達した日本のソフトウェア技術者を対象とした、転職の意思決定に関するモデルの構築は行なわれていない。

　もちろんソフトウェア技術者を対象とした研究において、彼らの労働条件、能力発揮問題に触れた事例はある。しかし、多くは彼らのキャリア意識とそれらを関連付ける実証結果を示したものではなく、一般的なソフト

---

[10] 日本の国勢調査の職種「システムコンサルタント・設計者」、「ソフトウェア作成者」、「その他の情報処理・通信技術者」をソフトウェア技術者とした。そして、アメリカの職業雇用統計の職種「Computer and Information Systems Managers」、「Computer Occupations」をソフトウェア技術者とした。

ウェア技術者の労働の現状が示されたものである。ソフトウェア技術者の労働条件、能力発揮に影響を与える重要なポイントが示されているものであっても、なぜそのポイントが重要であるのかの説明までは示されていない。

　従って、ソフトウェア技術者がキャリアを構築するための意図・意欲、行動特性は国の違いによって変わるかどうかについて実証研究を行うことは非常に意義のあることだと考えられる。

6.2　日米のソフトウェア技術者に関する比較

　日本とアメリカのソフトウェア技術者を対象に諸労働条件、労働市場の流動性、及び転職行動を分析したものとして、中田（2016）、中村（2015）、藤本（2012, 2015）、南雲（2003）、梅澤（1996）が挙げられる。

（1）高流動性社会

　まず、藤本（2012, 2015）は、カリフォルニア州のサンフランシスコ市で働く専門職 65 名を対象にフィールドワーク調査を行なった。調査の結果を、高流動性社会における「専門職の転職パターン」、「専門職の就業観」、「専門職のキャリア・パス」にまとめている。高流動性社会における転職のパターンについては、大きく「能動的転職」と「受動的転職」に分けることができる。「受動的転職」とは、企業の経営難や倒産等による解雇などを指す。カリフォルニア州では、企業が経営難や組織の合理化のために部署を廃止するにあたり、従業員を解雇することを認める制度があるため、「受動的転職」パターンは頻繁に見られる。一方、「能動的転職」には、自己の成長が見込める仕事、より興味深い仕事、より良い報酬を求めて自ら他社に移動するパターンと、転職紹介のエージェント、企業、そして知人、友人から誘いを受けて、他社に移動するパターンがある。

　高流動性社会における専門職の就業について、藤本（2015）は、高流動性社会に慣れた人々は、数年経つとその経験に見合った給与、職位を求めて他社に転職することを望むと指摘している。なぜなら、「転職しないで

同じ会社に勤め続けている人は、誰からも必要とされていない人だ」と思われるからである。すなわち、高流動性社会における専門職は自己の能力向上のために、コスモポリタン的に、組織に拘らない働き方を志向していると結論付けた（藤本 2015）。

　高流動性社会においては、専門職のみならず、非専門職においても、業務内容が明確に規定され、その役割が担える者を公募するというのが、一般的である。そのため、1つの組織での勤続年数の長さではなく、その業務にどれだけ精通していると言える経験をしているかが、重要なのである。

　これに対して、日本では企業の採用方式が異なり、多くの企業は毎年4月に一括新卒採用を行なうことによって、多くの若者が就職する。そして、入社後に新人教育があり、その後、適性を見ながら営業や技術部門などのジョブ・ローテーションを通じて人材を育成していくことが一般的である。日本のソフトウェア技術者のキャリア・パスについて検討する先行研究に梅澤（1996）がある。ソフトウェア技術者のキャリアに関する意識調査の結果、企業の業態によりソフトウェア技術者のキャリア・パスに違いが見られることを明らかにした。それは上流工程から下流工程まで一貫して請け負う大企業に対し、下流工程を主として請け負う中小企業では、下流工程から上流工程へキャリア・アップを希望するソフトウェア技術者に対し、キャリア・パスが用意されていない点である。ソフトウェア技術者の能力観については、日本では「35歳定年説」に代表される年齢限界感問題があるが、南雲（2003）は職務構造の変化により年齢限界が問題になりにくくなっていることを指摘し、中高年のソフトウェア技術者の活用に提言をした。

(2) 労働条件

　このように労働市場、就業意識が大きく異なる日米において、ソフトウェア技術者の労働条件にも違いが見られるのか。

　この点について、中田（2016）は日本とアメリカのソフトウェア技術者個人を対象に、アンケート調査を行なった。労働時間の面において、週

51 時間以上働いているソフトウェア技術者の割合は、日本が 27.2% に対して、アメリカは 6.8% である。一方、週労働時間が 40 時間未満のソフトウェア技術者の割合は、アメリカが 40.6% であるに対して、日本はわずか 4.3% であった。このように、アメリカと比べて、日本のソフトウェア技術者の多くが長時間労働者であることが明らかになった。一方、給与の面で見ると、為替レートを用いた年収比較においても、購買力評価を用いた時給比較においても、日本の給与水準はアメリカより低いことが示されている。

更に、中田は、「自分の能力を発揮できる」などの仕事の生産性に関連する質問から主観的生産性指標を、「今の仕事に満足している」などの仕事満足度に対する質問から主観的職務満足指標を作成した。その結果、日本は両指標において、アメリカより低い水準であったことを指摘した。

ここまで、日米ソフトウェア技術者が置かれている労働市場の状況、労働条件に関する先行研究を概観してきた。これらの要因が交互作用して、ソフトウェア技術者の意思決定にどのような影響を与えるだろう。以下では、ソフトウェア技術者の転職意欲に影響を与える要因について、日米比較を行なう。

本章の構成は以下の通りである。まず次節において、分析に使用するデータについて説明する。第 4 節ではプロビットモデルを用いて計量的に推定を行う。第 5 節では、日米ソフトウェア技術者の転職決定要因の相違点をまとめ、最後に、第 6 節では、本書の不足点やこれからの課題を提示する。

分析に先立ち、まず第 4 章で導出した仮説のうち日本のソフトウェア技術者とアメリカのソフトウェア技術者に関する仮説を抽出する。

仮説 1-1：現職の賃金と比べ、同職種に転職する時の期待賃金が高いほど、転職意欲は促進される。

仮説 1-3：現職の賃金と比べ、同職種に転職する時の期待賃金と転職意欲の関係は、日本の技術者より、アメリカの方が強い。

仮説 2-1：ソフトウェア技術者が認識したスキルの汎用性が高いほど、転

職意欲は促進される。

仮説 2-3：スキルの汎用性に対する認識と転職意欲の関係は、アメリカの
ソフトウェア技術者より、日本のソフトウェア技術者の方が強い。

仮説 3-1：ソフトウェア技術者によって知覚された会社による能力開発が
積極的であるほど、転職意欲を抑制する。

仮説 4-1：ソフトウェア技術者が自己啓発投入した時間長くなるほど、転
職意欲は促進される。

仮説 4-3：ソフトウェア技術者が自己開発に投入した時間と転職意欲の関
係は、日米による違いはない。

仮説 5：ソフトウェア技術者が、従事する仕事に自律性を感じるほど、転
職意欲が抑制される。

仮説 6：ソフトウェア技術者が、従事する仕事に有能感を感じるほど、転
職意欲が抑制される。

仮説 7：ソフトウェア技術者が、従事する仕事に独創性が必要であると感
じるほど、転職意欲が抑制される。

仮説 8：ソフトウェア技術者が、従事する仕事に期待された成果が出せた
と感じるほど、転職意欲が抑制される。

6.3　分析方法と使用するデータ

6.3.1　使用するデータ

本章の分析において、第 5 章と同じ手法で 2 種類のデータセットを結合
させたものを利用した。第 1 のデータセットは、現在の年収データと、転
職コストの代理指標として、第 4 章で紹介した IPA-RISE 委託研究（2014
年〜2016 年）「日本のソフトウェア技術者の生産性および処遇の向上効果
研究：アジア、欧米諸国との国際比較分析のフレームワークを用いて」の
個票データを利用した。アメリカのデータは、ソフトウェア技術者の個票
データを利用した。アメリカの有効回答数は 605 人である。分析の際に、
サンプルを日本と同じ、59 歳以下の正社員の男女に限定する。さらに、
分析対象から欠損値があるサンプルを除いた結果、最終的に利用したサン

プルサイズは 354 となった。

　第 2 のデータセットは、転職により得られる賃金の期待値として、アメリカ労働統計局（U.S. Bureau of Labor Statistics）により実施された 2016 年度の「The Current Population Survey」（以下 CPS と略記）の個票データを利用した。CPS は日本の労働力調査に相当し、アメリカ全体で 48,000 世帯を対象に、4 ヵ月にわたって毎月繰り返し調査を行なっている。CPS によって、アメリカ全体の雇用状況並びに失業の状態を把握することが可能である。更に、CPS には職種別に過去の職業経歴、求職活動の意向、労働時間と、賃金など労働条件の情報も含まれている。

6.3.2　分析項目

（1）被説明変数

　まず被説明変数として、「転職意欲の有無」を表す変数を用いる。具体的には「あなたの今後の進みたい道や働き方についてお聞きします」という質問に対して、「自分の専門性や特殊技能を十分に発揮できる会社にかわりたい」を用いた。回答方法は、「1. あてはまる」、「2. ややあてはまる」、「3. あまりあてはまらない」、「4. あてはまらない」という 4 件法であり、「あてはまる」と「ややあてはまる」と回答した場合に 1、それ以外の選択肢を選んだ場合に 0 を取るダミー変数を作成した。

（2）説明変数

　説明変数に関しては、(a) 転職により得られる賃金の上昇額、(b) 得られる賃金を左右するもの（教育訓練）、(c) 非金銭的効用（仕事特性）、と (d) 転職のコスト、4 種類に区分できる。以下に詳細を記す。

(a) 転職により得られる賃金の上昇額として、現在の賃金と同職種への転職による期待年収変数を用いる。

現在の賃金として、「日本のソフトウェア技術者の生産性及び処遇の向上効果研究：アジア、欧米諸国との国際比較分析のフレームワークを用いて」

の調査票にある各個人における、前年 2014 年 1 月から 12 月の 1 年間の本人の年収を用いた。

同職種で別の会社に転職する場合の期待賃金として、2016 年 CPS 調査の個票データを用いた。ここでも賃金構造基本調査と同様、労働者 i と同じ職種、同性別、同じ年齢階級で、同じ経験年数区分の賃金を、労働者 i が他の会社で同じ職種に就いた場合の期待賃金とした。

(b) 得られる賃金を左右するものとして、現在のスキルの汎用性（社内及び社外）、スキル向上のための自己啓発時間と、会社による能力開発に対する知覚を用いた。

現在の能力の汎用性として、「あなたの能力やスキルは、どの程度通用すると思いますか。a. 職場、b. 社内、c. 社外のそれぞれについて、あてはまる番号を○で組んでください」という質問に対して、b. 社内と c. 社外の項目を用いた。回答方法は、「1. 第一人者として通用する」、「2. 十分通用する」、「3. ある程度通用する」、「4. 通用するか不安がある」という 4 件法であり、「第一人者として通用する」と「十分通用する」と回答した場合に 1、それ以外の選択肢を選んだ場合に 0 を取るダミー変数を作成した。

自己啓発として、「あなたが自己啓発に振り向けている時間は 1 週間でどのぐらいの時間ですか。なお、自己啓発をしていない方は 0 と記入してください。」という質問項目を使用した。

会社による能力開発に対する知覚として、「あなたの能力開発の状況についてお聞きします」という質問に対して、「会社は従業員に対する能力開発に積極的である」を用いた。回答方法は、「1. あてはまる」、「2. ややあてはまる」、「3. あまりあてはまらない」、「4. あてはまらない」という 4 件法であり、「あてはまる」と「ややあてはまる」と回答した場合に 1、それ以外の選択肢を選んだ場合に 0 を取るダミー変数を作成した。

(c) 仕事特性として、「あなたは今の仕事についてどのようにお考えですか」という質問を用いた。「自分のペースで働くことができる」という項目を「仕

事の自律性」とし、「自分の能力を発揮できる」という項目を「**仕事の有能感**」とし、「自分の担当職務に期待される成果を出せている」という項目を「**仕事の成果**」とし、「今の仕事には、独創性が必要だ」という項目を「**(仕事に) 独創性が必要**」とした。回答方法は、「1. あてはまる」、「2. ややあてはまる」、「3. あまりあてはまらない」、「4. あてはまらない」という4件法であり、「あてはまる」と「ややあてはまる」と回答した場合に1、それ以外の選択肢を選んだ場合に0を取るダミー変数を作成した。

(d) 転職のコストとして、

① **婚姻状況**（有配偶者＝1、その他＝0のダミー変数）、子どもの有無（未就学の子ども、小中学校の子ども、高校の子どもがいる場合＝1、その他＝0のダミー変数）

② **住居形態**（1. 持家ローン返済中　2. 持家ローン返済なし　3. 持家ローン返済中　2. 持家ローン返済なしのダミー変数）、

　以上の変数に加え、統制変数として、性別（女性＝1、男性＝0のダミー変数）、学歴ダミー、勤続年数ダミー変数を分析に用いた。

6.3.3　アメリカのソフトウェア技術者の特徴

　ここでは、アメリカのデータ全体の特徴について概観する。性別は、男性327名（92.4%）、女性27名（7.6%）であり、サンプルの9割以上を男性が占めている。2015年のアメリカ職業雇用統計の集計によると、ソフトウェア技術者の女性比率は23.7%であることから、本サンプルの性別は男性に偏りが見られる。

　表6-2は、アメリカのソフトウェア技術者における、男女別の個人属性を示したものである。ここでは、女性のサンプルが限定されている点に留意する必要がある。まず、分析対象者（n=354）の最終学歴について、男性においては、大卒以上の割合が約95%であり、それに対して、女性では、大卒以下のサンプルが存在しない。χ^2検定の結果、学歴には有意な男女差があることが確認されなかった。

表6-2 個人属性の分布

		男性（N=327）		女性（N=27）		カイ2乗
		度数	割合	度数	割合	
最終学歴	高卒以下	4	1.2%	0	0.0%	
	専門学校	14	4.3%	0	0.0%	
	大卒	207	63.3%	16	59.3%	2.30
	大学院修士	91	27.8%	10	37.0%	
	大学院博士	11	3.4%	1	3.7%	
年齢階級	20～24歳	27	8.4%	3	11.1%	
	25～29歳	91	28.4%	8	29.6%	
	30～34歳	76	23.8%	5	18.5%	
	35～39歳	50	15.6%	2	7.4%	
	40～44歳	24	7.5%	4	14.8%	12.81*
	45～49歳	19	5.9%	1	3.7%	
	50～54歳	22	6.9%	0	0.0%	
	55～59歳	11	3.4%	4	14.8%	
勤続年数	1～2年	124	37.9%	11	40.7%	
	3～5年	117	35.8%	10	37.0%	
	6～8年	30	9.2%	3	11.1%	0.71
	9年以上	56	17.1%	3	11.1%	
配偶者有無	無し	119	36.4%	15	55.6%	3.89**
	いる	208	63.6%	12	44.4%	
子ども有無	無し	203	62.1%	21	77.8%	2.65
	有り	124	37.9%	6	22.2%	
持家ローン有無	無し	197	60.2%	11	40.7%	3.91**
	有り	130	39.8%	16	59.3%	
持家有無	無し	301	92.0%	26	96.3%	0.64
	有り	26	8.0%	1	3.7%	

注：***p<.001

　次に、年齢を5歳間隔で分けた年齢分布を見ると、女性の中では、50～54歳の0％に対して、55～59歳が14.8％を示しているのが特徴ではあるが、男女共に、25~29歳（男性：28.4％；女性29.6％）の割合が最も高く、30~34歳（男性：23.8％；女性18.5％）が次いで高い。χ^2検定の結果、10％水準で有意な差が確認された。

　勤続年数分布を見ると、5年以下で男女の違いが少なく、男女共に5年以下（男性：73.7％；女性：77.7％）の割合が多い。χ^2検定の結果、勤続年数においては有意な男女差があることが確認されなかった。

表6-2の下4段は家族属性を男女別に示したものである。男女別では、両方の比率がほぼ逆で、未婚の割合は男性が36.4%、女性が55.6%であった。χ^2検定の結果、5％水準で有意な差が確認された。

　子どもの有無に関しては、男女共に子ども無しの方が圧倒的に多い。子ども有りの方が少なく、男性が37.9%、女性が22.2%であった。有意な男女差を確認されなかった。また、住居形態について、男女の比率はまた逆で、女性において、持家ローン返済中の割合（59.3%）が高く、χ^2検定を行なったところ、5％水準で有意な差が確認された。

　日米のソフトウェア技術者サンプルの特徴を表6-3に示す。まず、ソフトウェア技術者の性別分布について、女性の割合に着目すると、日米共女性の割合が少ないが、日本のソフトウェア技術者の女性割合は10.8%であるに対して、アメリカのソフトウェア技術者の女性割合は7.6%で、日本のほうがやや高い。χ^2検定の結果、10%の有意水準で日米の差が確認された。

　次に、日米ソフトウェア技術者の最終学歴について、χ^2検定を行なったところ、0.1%水準で有意な分布の差が確認された。大卒以上は、日本が83.8%で低くないが、これに対してアメリカは94.9%で、明らかに高い。日本のソフトウェア技術者に比べると、アメリカのソフトウェア技術者は高学歴であることが確認された。

　続いて、日米ソフトウェア技術者の年齢階級分布を見ると、日米共に、7割以上のソフトウェア技術者が、20代後半から40代前半までの年齢層にある。一方、日本の45〜49歳のソフトウェア技術者の割合が10.8%であるのに対して、アメリカは5.8%、日本の20〜24歳のソフトウェア技術者の割合が0.7%であるのに対して、アメリカは8.6%と、年齢による割合の違いが見られる。χ^2検定を行なったところ、0.1%水準で有意な分布の差が確次に、日米のソフトウェア技術者の勤続年数分布を見ると、日本においては、勤続年数が9年以上の割合は最も高く59.5%なのに対して、アメリカが20%未満である。両国において、勤続年数の分布の形状に大きな違いがあると確認された。χ^2検定の結果、0.1%水準で有意な分布の差

表6-3　日米ソフトウェア技術者個人属性の分布

		日本 (N=953) 度数	割合	アメリカ (N=354) 度数	割合	カイ2乗
性別	男性	850	89.2%	327	92.4%	2.92*
	女性	103	10.8%	27	7.6%	
最終学歴	高卒	90	9.4%	4	1.1%	58.28***
	短大	64	6.7%	14	4.0%	
	大卒	415	43.5%	223	63.0%	
	修士	367	38.5%	101	28.5%	
	博士	17	1.8%	12	3.4%	
年齢階級	20～24歳	7	0.7%	30	8.6%	98.87***
	25～29歳	207	21.7%	99	28.5%	
	30～34歳	267	28.0%	81	23.3%	
	35～39歳	208	21.8%	52	15.0%	
	40～44歳	108	11.3%	28	8.1%	
	45～49歳	103	10.8%	20	5.8%	
	50～54歳	46	4.8%	22	6.3%	
	55～59歳	7	0.7%	15	4.3%	
勤続年数	1～2年	59	6.2%	135	38.1%	351.51***
	3～5年	137	14.4%	127	35.9%	
	6～8年	189	19.9%	33	9.3%	
	9年以上	566	59.5%	59	16.7%	
配偶者有無	無し	386	40.5%	134	37.9%	0.76
	有り	567	59.5%	220	62.1%	
子ども有無	無し	569	59.7%	224	63.3%	1.38
	有り	384	40.3%	130	36.7%	
持家ローン有無	無し	633	66.4%	327	92.4%	89.14***
	有り	320	33.6%	27	7.6%	
持家有無	無し	893	93.7%	208	58.8%	237.43***
	有り	60	6.3%	146	41.2%	

注：***p<.001

が確認された。

　さらに、配偶者の有無及び子どもの有無においては、χ^2検定を行なったところ、日米両国のソフトウェア技術者では、ほとんど違いがなかった。住居形態については、アメリカのソフトウェア技術者において、持家の割合が有意に高いことが確認された。

6.4 分析結果

6.4.1 転職意欲の有無

表6-4は転職意欲の有無における日米比較の結果である。アメリカのソフトウェア技術者において、転職意欲が「ある」と答えた人は約70％で、非常に高い割合を占めている。それに対して、日本では、56.1％となっている。χ^2検定を行なったところ、0.1％水準で有意な差が確認された。つまり、アメリカのソフトウェア技術者の方が転職意欲を持っている人の割合が高いことが分かる。

以下、日米ソフトウェア技術者の転職意欲を規制する要因に違いがあるのかを明らかにするために、第4章の理論モデルと第5章の実証モデルに基づいて分析を行なう。

表6-4 転職意欲の有無の回答分布

| | 転職意欲 | | カイ2乗 |
	無し	有り	
日本（N=953）	418	535	
	43.90％	56.10％	18.33***
アメリカ（N=354）	109	245	
	30.80％	69.20％	

注：***p<.001

6.4.2 転職の意思決定要因に関するプロビット分析

本章の仮説を検証するため、転職意欲の有無を被説明変数とするプロビット分析を行なった。結果を表6-5に示す。

プロビット分析の結果、日本のソフトウェア技術者の転職意欲が有意に促進される要因は、同職種へ転職することにより得られる賃金変化、勤続年数が短いこと、社内、社外において、スキルの汎用性があること、普段自己啓発をすること、が確認された。それに対し、アメリカのソフトウェア技術者において、転職意欲が有意に促進される要因は、同職種へ転職することにより得られる賃金変化と、勤続年数が短いことである。また、日米共通して、会社による能力開発に対する知覚と、仕事特性（仕事の成果

表6-5　ソフトウェア技術者の転職意欲の規定要因　プロビット分析

	アメリカ		日本	
	限界効果	標準誤差	限界効果	標準誤差
Z 転職による賃金の変化（同職種）	0.034	0.021 †	0.037	0.020 *
【教育訓練】				
学歴ダミー＿高卒	-0.109	0.215	0.024	0.079
学歴ダミー＿大卒	-0.054	0.12	0.020	0.065
学歴ダミー＿大学院	-0.068	0.121	0.028	0.068
勤続年数ダミー＿2年以下	0.122	0.057 **	0.243	0.075 ***
勤続年数ダミー＿3～5年	0.07	0.054	0.108	0.053 **
勤続年数ダミー＿6～8年	0.093	0.076	0.068	0.044
スキルの汎用性（社内）ダミー	-0.142	0.078 *	0.090	0.040 **
スキルの汎用性（社外）ダミー	-0.026	0.044	-0.012	0.049
自己啓発時間	0.001	0.003	0.009	0.005 **
会社による能力開発に対する知覚	-0.191	0.086 **	-0.060	0.032 *
【仕事特性】				
仕事の自律性	-0.089	0.066	-0.053	0.033
仕事の有能感	-0.091	0.137	-0.079	0.042 *
独創性が必要	0.023	0.066	0.050	0.033
仕事の成果	-0.106	0.04 ***	0.042	0.038
【転職コスト】				
性別ダミー＿女性=1	-0.069	0.071	-0.110	0.051 **
有配偶者ダミー	-0.065	0.05	0.015	0.045
有子どもダミー	-0.001	0.046	-0.083	0.045 *
住居形態ダミー＿持家ローン	0.237	0.119 **	-0.051	0.042
住居形態ダミー＿持家	-0.05	0.045	-0.096	0.067
サンプル数	354		954	
疑似決定係数	0.130		0.052	

注：***、**、*はそれぞれ1％、5％、10％水準で有意なことを示す

と仕事の有能感）は転職意欲を有意に低下させる。

　一方で、アメリカのソフトウェア技術者において、社内でのスキルの汎用性は、転職意欲へ有意な負の関連が確認された。従って、ソフトウェア技術者の転職の意思決定モデルに関して、日本のソフトウェア技術者では、金銭的効用仮説、教育訓練仮説と、仕事特性仮説は支持されると考えられる。しかし、アメリカのソフトウェア技術者では、金銭的効用仮説、教育訓練仮説は支持されるが、仕事特性仮説は部分的にのみ支持されると考えられる。

6.5 考察

　以上の3つの仮説に対する分析結果を基に、ソフトウェア技術者の転職の意思決定に影響を与える全ての要因：金銭的効果、スキルの汎用性、人的資本投資、仕事特性と、転職のコストを総合的に考察する。

(1) 日本のソフトウェア技術者

　日本のソフトウェア技術者にとって、統計的に有意となった変数は「転職による賃金の変化の期待値」、「勤続年数ダミー」、「スキルの汎用性」、「自己啓発時間」、「会社による能力開発に対する知覚」と、「仕事の有能感」である。限界効果を見ると、社内において、スキルの汎用性があると思うソフトウェア技術者は約10％転職意欲が上昇する。

(2) アメリカのソフトウェア技術者

　アメリカのソフトウェア技術者にとって、統計的に有意となった変数は「転職による賃金の変化の期待値」、「勤続年数ダミー」、「スキルの汎用性」、「会社による能力開発に対する知覚」と、「仕事の有能感」である。限界効果を見ると会社による能力開発に対する知覚で転職意欲が約20％低下させる。

(3) 日米両国の共通点

　日米双方のソフトウェア技術者にとって、共に有意となった変数は「勤続年数」、「転職による賃金の変化の期待値」、「会社による能力開発に対する知覚」と、「仕事特性」である。日米のソフトウェア技術者に言えるのは、勤続年数が短いほど転職したくなる傾向が強くなり、転職による賃金の変化の期待値が大きいほど転職したくなる傾向が強くなることである。一方で、会社による能力開発に対する知覚と、仕事特性の一部はソフトウェア技術者の転職意欲を有意に低減させるという点で共通である。

6.6　今後の課題

　第6章では、ソフトウェア技術者がどのような要因で転職を決めるかを「金銭的報酬」、「教育訓練」、および「仕事特性」の3点より、日米比較を通じて考察してきた。分析に先立ち、利用したアメリカにおけるソフトウェア技術者データの特徴を男女別に分析した。

　分析に先立ち、利用したデータの特徴を男女別に分析した。分析データの特徴としては、年齢階級、配偶者の有無と、住居形態において、男性と女性では異なることが確認された。続いて、アメリカのソフトウェア技術者と日本のソフトウェア技術者に着目して、国際間の特徴について分析を行なった。配偶者の有無や、子どもの有無では日米のソフトウェア技術者に有意な差は見られなかったが、日本のソフトウェア技術者の方が、性別に関して女性の割合がやや高く、勤続年数においては、9年以上の割合が高い。日本のソフトウェア技術者と比べて、アメリカのソフトウェア技術者の方が学歴は高学歴であり、持家を有する割合が高い。これらの結果から、日本のソフトウェア技術者とアメリカのソフトウェア技術者は、異なる特徴があることが確認できた。

　以下では、ソフトウェア技術者を対象とした、国際間比較による仮説検証結果をまとめる。

仮説1：（金銭的効用仮説）金銭的効用は、転職意欲と正の関係がある。
　　→支持される：日本のソフトウェア技術者、アメリカのソフトウェア技術者。
仮説2：（教育訓練仮説）スキルの汎用性は、転職意欲と正の関係にある。
　　→支持される：日本のソフトウェア技術者
　　　支持されない：アメリカのソフトウェア技術者
仮説3：（教育訓練仮説）知覚された会社による能力開発が積極的であるほど、転職意欲を抑制する。
　　→支持される：日本のソフトウェア技術者、アメリカのソフトウェア技術者

仮説5：（仕事特性仮説）従業員が感じている従事する仕事の自律性は、転職意欲と負の関連がある。

仮説6：（仕事特性仮説）授業員が感じている従事する仕事の有能感は、転職意欲と負の関連がある。

仮説7：（仕事特性仮説）従業員が感じている従事する仕事の独創性は、転職意欲と負の関連がある。

仮説8：（仕事特性仮説）従業員が感じている従事する仕事に期待された成果は、転職意欲と負の関連にある。

　本章では、実証分析により、以下の3つの知見が得られた。第1に、日米ソフトウェア技術者の転職を決定する要因として、共通する要素は「転職による賃金上昇の期待値」、「勤続年数」と、「会社による能力開発に対する知覚」という3つの項目である。第2に、日米ソフトウェア技術者の違いとしては、日本のソフトウェア技術者に関しては、「自己啓発時間」と「仕事の有能感」が転職意思決定の重要な要因であり、アメリカのソフトウェア技術者に関しては、「仕事の成果」が転職意思決定の重要な要因となっている。第3に、日米のソフトウェア技術者の転職意思決定において、最も大きな違いは、「社内スキルの汎用性」の効果についてである。

　本章から示唆されるように、ソフトウェア技術者の転職の意思決定においては、様々なインセンティブが存在し、いわゆる家族属性といった転職コストだけではなく、仕事の内容やスキルの汎用性などもそのプロセスを左右している。つまり自分の適性に合った、自分の能力が発揮できる仕事をしている人ほど働き続けたいと思っている。また、働き続けても、報酬で報われるインセンティブがないと、働き続けたとは思えないだろう。

第7章 実証分析Ⅲ：技術者の転職意欲に 影響を与える要因—擬似パネル分析

　第5章と第6章では、クロスセクションデータを用いて、転職による期待賃金の上昇、企業による能力開発、及び仕事の特性が転職意欲に及ぼす影響についての職種比較、国間比較分析を行なった。しかし、クロスセクションデータでは、労働者の能力や、やる気など意識変数は、データから観察できない個人の異質性が結果に及ぼす影響を排除することができない。本章では、そのような観察されない個人の異質性の影響を除外しても上記の影響が見られるかを検証する。擬似パネルデータ分析のもう一つの利点は、上記の利点と相まって、変数間の因果関係について、より直接的な検証が可能となる点である。2時点間のある変数の変化と他の変数の変化の関係を見ることで、変数の変化がもつ他の変数に対する効果について、直接的な情報が入手できるからである。具体的には、2時点で収集された電機連合（全日本電機・電子・情報関連産業労働組合連合会）のクロスセクションデータから擬似パネルデータを作成し、分析を行なう。

7.1　問題意識
　本章の目的は、リーマンショック前後における技術者の転職意欲の変化を把握し、その背景を明らかにすることである。
　2008年9月のリーマンショック直後、雇用環境が急激に悪化した頃から、非正規雇用の増加や雇用のミスマッチなど、労働市場の構造問題に関する経済学的な研究成果の蓄積が急速に進んでいる。それらは主に、①急速な雇用調整の結果として転職を余儀なくされたものに焦点を当て、その人数、転職先の業種や職種、転職前後の勤務形態や賃金の変化などについ

て検証する研究、と②労働者の転職意識とそれに影響する要因メカニズム
を分析する研究、という２つに大別される。

　非自発的転職による転職前後の賃金低下に関しては、おおよそ結論が出
ており、企業が人件費を抑えるために、非正規雇用者の割合を増やしたの
に伴い、労働生産性は低下し、低賃金率に繋がったと考えられている。リー
マンショック後、前職と異なる職種への転換の場合、それまでの技能を生
かすことが難しいため、賃金の大幅な低下を受け入れざるを得ないことと、
雇用のミスマッチによる失業が発生する状況で、職を得ようとすると低い
賃金を受け入れざるを得ないことなどが明らかになっている（関谷 2012）。

　それに対して、自発的に転職する場合、転職による労働環境・労働条件
を改善することが目的となっていることが多いはずである。なかでも、転
職による所得の増加は重要な誘因であろう。所得を増加させるための労働
生産性向上が必要であることから、分析の範囲は、次第に人材育成に広が
りつつある。

　本章では、技術者の転職意欲への決定要因を明確にするための手がかり
として Lazarsfeld et al.（1968）に目を向ける。Lazarsfeld らは、パネル調
査によって政治的な意見や態度の変化と投票行動の変化を明らかにした先
駆的な例である。彼らは、パネル調査で注目すべき点として、意見や態度
の変化、変化の要因、変化の方向性とそれによって表面化する行動の変化
を指摘している（Lazarsfeld et al. 1968）。これを転職の問題に言い換えると、
当初、労働者がもっている「他の会社に代わりたい」あるいは「この会社
をやめたい」という意識がどのように分布しており、それがその後の行動
にいかに結びつくかを明らかにできることに、パネル調査の意義があると
言えよう。本章はこのような動学的な視点を考慮しつつ、転職意欲の決定
要因を明らかにすることを目的としている。

　本章の構成は次の通りである。第２節では本章で用いられるデータに関
して説明する。第３節では、作成した図表からコーホートの違いと、転職
意欲の有無や転職による賃金上昇の分布との関係を示す。そして、第４節
ではパネル分析から転職意欲の規定要因を検証する。第５節・６節で結論

と今後の課題について述べる。

7.2 使用するデータ

7.2.1 使用するデータ

　分析で使用するデータは、第4章で紹介した電機連合（全日本電機・電子・情報関連産業労働組合連合会）によって実施された2008年の「高付加価値技術者のキャリア開発に関する調査」と2015年の「暮らしと働き方に関する調査」の個票データである。両調査は電機連合傘下組織の技術者と技術者の上司に対するアンケート調査であり、調査目的と具体的な質問項目で多くの共通性があり、2008年から2015年までの技術者のキャリア意識の変化と行動に関する変化を分析することができる。分析では、管理職労働者の転職に関する行動や意識は一般技術者と異なると考え、分析の際に、技術者の上司データを除外する。2008年の組合員調査の回収数は3,657であり、2015年調査の回収数は2,623である。両調査は、調査対象者の年齢、学歴、家族構成、就業形態、所得、能力開発、キャリア意識などの社会的経済的属性情報をカバーしている。

　しかし、2008年調査と2015年調査とにおいて、個々のサンプルが、2時点間の同一観察個体であるかの識別ができない。それゆえに、これら2時点のクロスセクションデータを、パネルデータに変換する必要がある。

7.2.2 擬似パネルデータ作成の背景

　経済主体の経済行動を動学的に捉えるために、もっとも適切なのは、複数時点にわたって継続的に同一観察個人あるいは同一企業や家計を調査したパネルデータである。例えば、個々の技術者に対して観測できない固有の要因（環境、選好、潜在能力など）に差があるため、たとえ年齢、性別、地域、学歴、産業、職種、企業規模が同一であっても、労働者の賃金レベルを比較すると、彼らの賃金レベルにはばらつきが存在している。回帰分析を行なう際、誤差項に含まれる固有の要因が賃金に及ぼす影響が大きい場合、潜在経験や学歴などを説明変数として賃金関数を推定しても、欠落

変数問題が起こるため、一致推定量にならない。このような場合パネルデータを用いると、欠落変数によるバイアスを、それをもたらす変数を観察せずに、避けることができる。

　しかし、パネルデータは望ましい性質をもっているものの、実際にパネルデータを調査する際には様々な困難がある。具体的には、調査主体の脱落、調査対象者が限定されることによる観察個体・期間の不揃いなどの問題が頻繁に発生する。さらに、調査の維持・管理するための費用と時間が大きいといったデメリットが指摘される。

　それを解決するために、Deaton（1985）は擬似パネルデータを提案した。Deaton は複数期間のクロスセクションデータをプールして推計したパラメータと、平均値を用いた時系列マクロデータで推計したパラメータとは著しく異なっていることを指摘した。その後多くの擬似パネルデータを用いた研究が発表されて、イギリスでは 1970 年代から家計調査の個表を用いた実証分析に用いられた。その後、アメリカでは、1990 年代後半から消費行動などを検証するために擬似パネルデータが幅広く応用されるようになっている。中でも Deaton and Paxson（1994）と Attanasio and Weber（1995）の研究は擬似パネルデータの有用性を確立した点で有名である。

　擬似パネルデータの作成は、個体属性が類似した標本であれば、同一個体と見なす統計的マッチング技法の応用である。すなわち、年齢や地域などの属性に基づいて標本データを集計し、それをコーホートデータと見なそうとするものである。これは厳密な意味でのパネルデータではない。異なる観察個体であるが、同じ年齢や性別、地域などの属性をもつコーホートをまとめることで、パネルデータにおける個体効果と同様に、このコーホートを用いて分析することで、擬似的な「個体効果」が利用可能になる。そして、コーホートごとに家計所得の平均値や有業率、有配偶者率などを推計し、こうしたデータをコーホートを代表する値として利用できる。

　擬似パネルデータの最大のメリットは、本物のパネルデータと違い、サンプルの脱落の可能性がないことである。パネルデータの場合、追跡していたサンプルを調査のある時点から追えなくなったら、そのサンプルを分

析の対象に含めることが難しくなる。一方、擬似パネルデータの場合、も
しあるサンプルが脱落したとしても、コーホート内のサンプルで平均をと
りコーホートを追うため、コーホートサイズが大きければ脱落の影響をほ
とんど受けない。また、調査段階で発生する回答誤差を取り除ける点も擬
似パネルデータのメリットの1つである。パネルデータを分析している研
究者の多くは、回答誤差が少ないと信じている場合があるが、実際には回
答誤差が非常に大きいことが多い（Deaton 1985）。擬似パネルデータはこ
の点を考慮して誤差を修正することができる。一方で、サンプルサイズが
小さくなるというデメリットが擬似パネルデータにはある。

　擬似パネルデータを作成するにあたりもっとも難しい課題は、コーホー
トに含まれるケース数と利用可能なコーホート数のバランスをとることで
ある。性別、国籍、最終学歴や出身地域など、時間を通じて一定な変数
（time-invariant variable）を用いてコーホートを細かく分けて、コーホート
ごとの性格属性をより詳しく定義することはできるが、コーホートの数を
増やすほど、そのコーホートにおけるケース数は少なくなるし、コーホー
トごとで推計される平均値の誤差が上昇する。その結果、推定値にバイア
スが生まれることが指摘される（Deaton 1985）。しかし、Verbeek and
Nijman（1992）によると、1つのコーホートにおけるケースの数が100を
上回る場合、誤差に起因する推定のバイアスは無視できる程度になる。元
のクロスセクションデータのサンプルサイズが大きければ大きいほど、も
ちろん、コーホートに含まれるケース数とコーホート数の両方を上昇させ
ることができるため、その意味ではサンプルサイズは大きければ大きいほ
ど良い推定量を得ることができる。

　特定の関心に焦点を当てた他の民間調査に比べ、分析上、電機連合調査
が有利な点は次の2点である。各年3000人前後のサンプルが確保できる
こと、そして、組合識別ができる点である。この2つの特徴を有した民間
調査は少なく、継続して実施されているデータとなるとさらに限定される。
その意味で、電機連合調査は擬似パネルデータを作成することが可能な、
貴重な民間調査と言える。

7.2.3 データセットの作成

　電機連合 2008 年と 2015 年調査の個票データに関して、調査自体はパネル構造を前提に調査設計されているわけではないものの、回収した調査票は組合識別番号が残存しているので、この番号を用いて同一組合が 2 回共にサンプルされたかどうかを確かめられる。

　本章の分析において、擬似パネルデータに関する先行研究（Browning et al. 1985; Ribas and Machado 2007; Jha et al. 2009; Tamvada 2010）の手法を参考の上、2 回の電機連合調査の個票データを利用し、次のプロセスに従い擬似パネルデータを作成した。

(1) 各調査年において、共通な特徴（同一の組合、同一の性別、同一の学歴）と 2008 年時の年齢に 7 を加えた年齢をもつ個体をグルーピングする。そのグループをコーホートと呼ぶ。
(2) コーホートごとに、データにある分析に必要な変数の平均値を計算する。
(3) 各コーホートを 1 つの代表的な個体と見なし、これらの平均値をコーホートの代表値と見なす。
(4) 調査年ごとに同じコーホートを追うことで、擬似的なパネルデータとして使う。

　上述のようにコーホートにグルーピングする際、問題となるのはコーホートの数と平均値の精度のトレードオフである。グルーピングの共通要素を増やせば、コーホートの数は増える。例えば、年齢を 10 の世代と 2 つの性別でグルーピングすると 20 のコーホートで構成された擬似パネルデータができるが、さらに要素を増やし 5 つの学歴でグルーピングすれば、100 のコーホートで構成されたものが出来上がる。コーホートを代表的なサンプルと見なしコーホートの数と調査年数の積がそのまま分析する際のサンプルサイズになるため、より多くの要素でグループ化したくなる。しかし、このようにサンプルサイズを大きくするためにグループ化の要素を

増やせば増やすほど、コーホートごとに属するケースの数n、つまりコーホートサイズが減少する。コーホートごとに平均をとる際、その平均値の分散は母集団の分散 σ^2 を用いて（σ^2/n）と表せる。つまりコーホートサイズが小さければそれだけ分散が大きくなり標本誤差が膨らむ可能性がある。従って、これら2つのバランスを吟味し、グループ化の共通要素を決める必要がある。

　以上を踏まえて、各年のデータを次の基準によってコーホートに分割し、データセットを作成する。コーホートの基準となるのは、組合番号、性別、最終学歴と年齢である。組合に関しては、2カ年ともに調査対象技術組合員3人以上がいる37組合のデータを用いた。性別に関しては、男性と女性の2区分を利用して、性別不明のサンプルを分析から除外する。学歴に関しては専門学校卒以下、大卒、大学院卒の3区分を用いる。年齢階級に関しては、20〜26歳、27〜33歳、34歳〜40歳、41〜47歳、と48〜54歳、55歳以上の6グループを用いる。よって、理論的にコーホートは1年あたり1,332個（37組合×2性別×3学歴×6年齢グループ）、2回分のデータで計2,664個作成されることになる。

　しかし、コーホートデータを用いた推計で一致推定量を得るためには、コーホートごとに十分なコーホートサイズが必要となる。擬似パネルデータを作成して分析に用いている先行研究の多くは、属するケースが少ないようなコーホートは分析から除外していた。そのカットオフ値は研究により差があり、5、50、500など様々であった。擬似パネルデータの作成に際しては、本稿の分析にバイアスを生む原因となりうるケースを除去している。先行研究のカットオフ値を鑑み、またカットオフの基準を高くすることでサンプル数が減少してしまうという問題も考慮し、作成した擬似パネルデータの7割以上が残るようにカットオフ値を2とした。つまり、コーホートサイズが2未満のコーホート、全体の2割程度を分析から除外した。その結果、表7-1の擬似パネルデータを作成した。

表 7-1　組合別、性別、学歴別、年齢グループ別サンプル数

				2008 年	2015 年
労働組合連合会 1	男性	大学院卒	34 〜 40 歳	146	120
労働組合連合会 1	男性	大学院卒	41 〜 47 歳	23	61
労働組合連合会 1	男性	大卒	48 〜 54 歳	5	30
労働組合連合会 1	男性	大学院卒	48 〜 54 歳	4	27
労働組合連合会 1	男性	大卒	34 〜 40 歳	144	24
労働組合連合会 1	男性	専門学校	48 〜 54 歳	3	21
労働組合連合会 1	男性	大学院卒	27 〜 33 歳	263	14
労働組合連合会 1	男性	大卒	41 〜 47 歳	54	13
労働組合連合会 1	男性	専門学校	41 〜 47 歳	44	10
労働組合連合会 1	男性	専門学校	27 〜 33 歳	35	10
労働組合連合会 1	男性	専門学校	34 〜 40 歳	80	7
労働組合連合会 1	女性	大学院卒	34 〜 40 歳	2	7
労働組合連合会 1	女性	専門学校	41 〜 47 歳	7	5
労働組合連合会 1	男性	大卒	27 〜 33 歳	74	2
労働組合連合会 1	女性	大学院卒	27 〜 33 歳	4	2
労働組合連合会 1	女性	専門学校	27 〜 33 歳	3	2
労働組合連合会 1	女性	大卒	27 〜 33 歳	2	2
グループ連合 2	男性	大学院卒	34 〜 40 歳	28	62
グループ連合 2	男性	大卒	34 〜 40 歳	16	43
グループ連合 2	男性	大卒	41 〜 47 歳	4	41
グループ連合 2	男性	大学院卒	41 〜 47 歳	3	34
グループ連合 2	男性	専門学校	41 〜 47 歳	11	23
グループ連合 2	男性	専門学校	34 〜 40 歳	38	19
グループ連合 2	男性	大学院卒	27 〜 33 歳	70	7
グループ連合 2	男性	専門学校	27 〜 33 歳	17	7
グループ連合 2	男性	大卒	27 〜 33 歳	12	7
グループ連合 2	女性	大卒	27 〜 33 歳	3	3
労働組合連合会 3	男性	大学院卒	34 〜 40 歳	38	50
労働組合連合会 3	男性	大学院卒	41 〜 47 歳	7	32
労働組合連合会 3	男性	大卒	41 〜 47 歳	17	30
労働組合連合会 3	男性	専門学校	48 〜 54 歳	7	29
労働組合連合会 3	男性	大卒	34 〜 40 歳	49	19
労働組合連合会 3	男性	専門学校	41 〜 47 歳	28	17
労働組合連合会 3	男性	大学院卒	27 〜 33 歳	51	13
労働組合連合会 3	男性	大卒	27 〜 33 歳	26	7
労働組合連合会 3	女性	大学院卒	27 〜 33 歳	7	3
労働組合連合会 3	男性	専門学校	34 〜 40 歳	39	2
労働組合連合会 3	女性	大卒	34 〜 40 歳	4	2
労働組合連合会 4	男性	大学院卒	34 〜 40 歳	24	40
労働組合連合会 4	男性	大卒	41 〜 47 歳	46	28
労働組合連合会 4	男性	大卒	34 〜 40 歳	63	26
労働組合連合会 4	男性	大学院卒	41 〜 47 歳	6	26
労働組合連合会 4	男性	専門学校	48 〜 54 歳	2	18
労働組合連合会 4	男性	大卒	48 〜 54 歳	6	15
労働組合連合会 4	女性	大卒	34 〜 40 歳	6	7
労働組合連合会 4	男性	大学院卒	27 〜 33 歳	64	6
労働組合連合会 4	男性	大卒	27 〜 33 歳	53	5
労働組合連合会 4	女性	専門学校	34 〜 40 歳	7	2
労働組合連合会 5	男性	大卒	34 〜 40 歳	75	33
労働組合連合会 5	男性	大卒	41 〜 47 歳	36	24
労働組合連合会 5	男性	大学院卒	34 〜 40 歳	25	24
労働組合連合会 5	男性	大卒	48 〜 54 歳	5	15
労働組合連合会 5	男性	大学院卒	41 〜 47 歳	2	14
労働組合連合会 5	女性	大卒	34 〜 40 歳	2	8
労働組合連合会 5	男性	大学院卒	27 〜 33 歳	31	4
労働組合連合会 5	男性	大卒	27 〜 33 歳	46	3
労働組合連合会 5	男性	専門学校	34 〜 40 歳	39	3
労働組合連合会 5	女性	大卒	27 〜 33 歳	6	3
労働組合連合会 5	女性	大卒	41 〜 47 歳	5	3
労働組合連合会 5	男性	専門学校	41 〜 47 歳	19	2

				2008 年	2015 年
労働組合連合会 6	男性	大学院卒	34 〜 40 歳	48	55
労働組合連合会 6	男性	大学院卒	41 〜 47 歳	14	42
労働組合連合会 6	男性	大卒	41 〜 47 歳	10	8
労働組合連合会 6	男性	大卒	34 〜 40 歳	43	7
労働組合連合会 6	男性	専門学校	41 〜 47 歳	7	4
労働組合連合会 6	男性	専門学校	34 〜 40 歳	14	3
労働組合連合会 6	男性	専門学校	48 〜 54 歳	2	3
労働組合連合会 6	男性	大学院卒	27 〜 33 歳	44	2
労働組合連合会 7	男性	大学院卒	34 〜 40 歳	11	31
労働組合連合会 7	男性	大学院卒	41 〜 47 歳	6	17
労働組合連合会 7	男性	大卒	41 〜 47 歳	11	5
労働組合連合会 7	男性	大卒	48 〜 54 歳	2	5
労働組合連合会 7	男性	専門学校	41 〜 47 歳	19	3
労働組合連合会 7	男性	大学院卒	27 〜 33 歳	29	2
労働組合連合会 7	男性	専門学校	27 〜 33 歳	4	2
労働組合連合会 8	男性	大卒	34 〜 40 歳	15	5
労働組合連合会 8	男性	大学院卒	34 〜 40 歳	7	4
労働組合連合会 8	男性	専門学校	34 〜 40 歳	21	3
労働組合連合会 8	男性	専門学校	41 〜 47 歳	3	2
労働組合連合会 8	男性	大卒	41 〜 47 歳	2	2
労働組合連合会 9	男性	大学院卒	34 〜 40 歳	4	16
労働組合連合会 9	男性	大卒	34 〜 40 歳	10	4
労働組合連合会 9	男性	大卒	41 〜 47 歳	3	4
労働組合連合会 10	男性	大卒	41 〜 47 歳	2	7
労働組合連合会 10	男性	大卒	34 〜 40 歳	6	6
労働組合連合会 10	男性	大学院卒	34 〜 40 歳	3	5
労働組合連合会 11	男性	大卒	34 〜 40 歳	11	3
労働組合連合会 11	男性	大卒	27 〜 33 歳	10	2
労働組合連合会 11	男性	大学院卒	34 〜 40 歳	7	2
ユニオン 12	男性	大卒	34 〜 40 歳	3	2
ユニオン 12	男性	大卒	41 〜 47 歳	2	2
労働組合 13	男性	大卒	34 〜 40 歳	11	3
労働組合 13	男性	大卒	27 〜 33 歳	4	2
労働組合連合会 14	男性	大学院卒	34 〜 40 歳	12	10
労働組合連合会 14	男性	大卒	34 〜 40 歳	13	5
労働組合連合会 14	男性	大卒	41 〜 47 歳	4	3
労働組合連合会 14	男性	専門学校	41 〜 47 歳	4	2
労働組合連合会 15	男性	大卒	41 〜 47 歳	5	4
労働組合連合会 15	男性	大学院卒	41 〜 47 歳	4	4
労働組合連合会 15	男性	大学院卒	34 〜 40 歳	9	2
労働組合連合会 16	男性	大学院卒	34 〜 40 歳	3	8
労働組合連合会 16	男性	大卒	34 〜 40 歳	10	6
労働組合連合会 16	男性	大卒	48 〜 54 歳	2	5
労働組合連合会 16	男性	大卒	41 〜 47 歳	2	4
労働組合 17	男性	大学院卒	34 〜 40 歳	10	10
労働組合 17	男性	大学院卒	41 〜 47 歳	2	4
労働組合 17	男性	大学院卒	27 〜 33 歳	11	2
労働組合 17	男性	大卒	41 〜 47 歳	4	2
労働組合 18	男性	大学院卒	34 〜 40 歳	5	2
労働組合 18	男性	大卒	27 〜 33 歳	2	2
労働組合連合会 19	男性	大卒	34 〜 40 歳	4	13
労働組合連合会 19	男性	大卒	27 〜 33 歳	13	7
労働組合連合会 19	男性	大学院卒	34 〜 40 歳	5	2
労働組合 20	男性	大学院卒	34 〜 40 歳	6	6
		合計	コーホート	114	114
			サンプル数	2454	1482

7.3 分析方法と使用するデータ

7.3.1 モデル

本章の転職の意思決定モデルについて、式(1)、式(2) と式(3) のように定式化する。

(a) プールモデル

$$Y_i = \alpha + \beta_1 \ln(INC_i) + \beta_2 HR_i + \beta_3 JC_i + \varepsilon_i \qquad \text{式}(1)$$

被説明変数である Y_i はコーホートごとの転職意欲の平均値である。INC_i はコーホートごとの「転職による賃金上昇の期待値」の平均値である。HR_i はコーホートごとの教育訓練投資の平均値をとったものである。JC_i については、コーホートごとの仕事特性の平均値である。

プールモデルではすべての観察個体と時点を一括してまとめ、最小二乗法によってモデルを推定する。しかし、プールモデルは直接に観察できない個人効果を考慮しないため、パネルデータ分析と比較すると、プールモデルを用いた分析にはバイアスが生じる可能性がある。すなわち、説明変数が被説明変数に与える影響が過大推定されたり、あるいは過小推定されたりする場合がある。

(b) 一階差分モデル

次に、2時点間での変数値の1階差分（ある変数の前の期との差）をとることによって個体（コーホート）特有の効果を取り除く方法として一階差分推定量（first difference estimate）を用いる。以下の式(2) を最小二乗法によって推定した一階差分モデルは、データが2時点の場合、固定効果モデルの推定結果と完全に一致する（Wooldridge 2002）。そして、一階差分モデルは、固定効果モデルと同じ、個体間の観察されない異質性を完全に統制できるというメリットをもつ。

$$Y_{i,t} = \alpha_i + \beta_1 \ln(INC)_{i,t} + \beta_2 HR_{i,t} + \beta_3 JC_{i,t} + \beta_4 D_t + \epsilon_{i,t} \qquad \text{式}(2)$$

ここで、α_i はコーホートの固有の性質（観察不可能）であり、$Y_{i,t}$、$\ln(INC)_{i,t}$、$HR_{i,t}$、$JC_{i,t}$ はコーホート i、時点 t の被説明変数と説明変数である。D_t は時点ダミーである。（2015 年なら 1 ）

階差をとると、次の式になる。

$$\Delta Y_i = \beta_1 \Delta \ln(INC)_i + \beta_2 \Delta HR_i + \beta_3 \Delta JC_i + \epsilon_i \qquad 式（3）$$

よって、観察不可能な変数 α_i が消去される。

7.3.2　分析項目

上述した式で用いる転職意欲とその規定要因について説明する。

（1）被説明変数

具体的には「あなたの今後の進みたい道や働き方についてお聞きします」という質問に対して、「自分の専門性や特殊技能を十分に発揮できる会社にかわりたい」を用いた。回答方法は、「1. あてはまる」、「2. ややあてはまる」、「3. あまりあてはまらない」、「4. あてはまらない」という 4 件法であり、分析の際に、回答値を逆転して、平均値が高いほど転職意欲が高いことを表す。

（2）説明変数

説明変数に関しては、（a）転職による賃金上昇の期待値、（b）得られる賃金を左右するもの（教育訓練）と、（c）非金銭的効用（仕事特性）、の 3 種類に区分できる。以下にその詳細を記す。

（a）転職による賃金上昇の期待値として、2008 年と 2015 年両時点において、労働市場で同じ職種もしくは他職種と比較した時の相対賃金を用いた。
2008 年の現在の賃金として、「高付加価値技術者のキャリア開発に関する

調査」（2008年）の調査票にある各個人における、前年2007年1月～12月の1年間の本人の年収を用いた。

2015年の現在の賃金として、「暮らしと働き方に関する調査」（2015年）の調査票にある各個人における、前年2014年1月～12月の本人の年収を用いた。

2008年時点同職種へ転職による賃金上昇の期待値：同職種で別の会社に転職した場合の期待賃金として、2009年「賃金構造基本統計調査（全国）」（厚生労働省）の「職種別・性別・年齢階級別・経験年数区分別の賃金」集計表を用いた[11]。すなわち、労働者iと同じ職種、同じ性別、同じ年齢階級で、同じ経験年数区分の賃金を、労働者iが他の会社で同じ職種に就いた場合の期待賃金とした。

2015年時点同職種へ転職による期待賃金：同職種で別の会社に転職した場合の期待賃金として、2015年「賃金構造基本統計調査（全国）」（厚生労働省）の「職種別・性別・年齢階級別・経験年数区分別の賃金」集計表を用いた。すなわち、労働者iと同じ職種、同じ性別、同じ年齢階級で、同じ経験年数区分の賃金を、労働者iが他の会社で同じ職種に就いた場合の期待賃金とした。

(b) 得られる賃金を左右するものとして、現在のスキルの汎用性（社内及び社外）、スキル向上のための自己啓発時間と、企業による能力開発に対する知覚を用いた。

現在の能力の汎用性として、「あなたの能力やスキルは、どの程度通用すると思いますか。a.職場、b.社内、c.社外のそれぞれについて、あてはまる番号を○で組んでください」という質問に対して、b.社内とc.社外の

---

[11] 電機連合高付加価値技術者のキャリア開発に関する調査2008年の賃金に対応する賃金構造基本調査の2008年調査であるが、2008年調査には女性技術士のデータが存在しないため、その代わりに2009年の賃金構造基本調査データを利用した。また、賃金とは、2009年所定内給与＊12＋年間賞与

項目を用いた。回答方法は、「1. 第一人者として通用する」、「2. 十分通用する」、「3. ある程度通用する」、「4. 通用するか不安がある」という4件法であり、分析の際に、回答値を逆転して、平均値が高いほどスキルの汎用性が高いことを表す。

自己啓発として、「あなたが自己啓発に振り向けている時間は1週間でどのぐらいの時間ですか。なお、自己啓発をしていない方は0と記入してください。」という質問項目を使用した。

企業による能力開発に対する知覚として、「あなたの能力開発の状況についてお聞きします」という質問に対して、「会社は従業員に対する能力開発に積極的である」を用いた。回答方法は、「1. あてはまる」、「2. ややあてはまる」、「3. あまりあてはまらない」、「4. あてはまらない」という4件法であり、分析の際に、回答値を逆転して、平均値が高いほど企業による能力開発に対する知覚程度が高いことを表す。

(c) **仕事特性**として、「あなたは今の仕事についてどのようにお考えですか」という質問を用いた。「自分のペースで働くことができる」項目を「**仕事の自律性**」とし、「自分の能力を発揮できる」という項目を「**仕事の有能感**」とし、「自分の担当職務に期待される成果を出せている」という項目を「**仕事の成果**」とした。回答方法は、「1. あてはまる」、「2. ややあてはまる」、「3. あまりあてはまらない」、「4. あてはまらない」という4件法であり、分析の際に、回答値を逆転して、平均値が高いほど仕事特性の程度が高いことを表す。

　また、プールモデルの推定には組合ダミー、性別ダミー、学歴ダミ、年齢グループダミー、調査年ダミーを投入した。以下の分析では、それぞれの説明変数について、個別効果を統制しても、転職意欲に対する効果の統計的有意性は変わらないことを検証する。

7.4 分析結果

7.4.1 分析対象の背景

　社会学において、コーホートという視点の議論は、K. Mannheim によって提唱されている。彼によるコーホート効果とは、歴史的に大きな社会変動は当該社会成員に何らかの類似性をもたらすという仮定からはじまる。ただし、Mannheim（1928）は、このような社会変動の影響は必ずしも皆等しいというものではないとしている。例えば、ある社会変動に対して、まだ世の中の見通しが立たない「若年者」がそれをその社会の「第一印象」として体験し、対して、「高齢者」は、これまでの経験の積み重ねの1つとして受け取る。それゆえ、両者の社会的意義が異なると主張する。

　特に人格が形成される前に経験した社会変動はその個人における「価値観」を構築するに当たって、大きな影響を与えるため、こうした過程によって戦争や大恐慌といった影響が時代を経ても社会成員間にグラデーションを生じさせるのである。

　では、2008年調査、2015年調査が実施された時点で、電機連合加盟組合企業を取り巻く社会環境はどのようなものであったか。

　図7-1 は2005年3月期から2015年3月期までの電機連合加盟組合企業全体及び分析対象20組合全体の売上高と純利益の推移を示したものである。これを見ると、まず、分析対象20組合の動向は電機連合加盟組合企業全体の動向とほぼ一致していることが確認できた。次に、ほとんどの企業が2007年3月期か2008年3月期のいずれかの時期において売上高（右軸目盛）がピークをつけている。最初の調査時点である2008年1月は、2007年会計年度に当たり、電機連合加盟組合企業にとっては業績拡大期のピークであり、近年で最も売上高が拡大した年であった。しかしリーマンショックの影響を受け、世界同時不況で2008年会計年度から2009年会計年度までの2年間に、売上高は3分の2の水準まで低下した。しかし、悪化した業績は徐々に回復を見せ、2回目の調査が実施された2015年末は、個別企業において、過去最高の売上高を記録したが、全体から見ると、2007年度のピーク時にはまだ及ばず、産業としての将来見通しも明るい

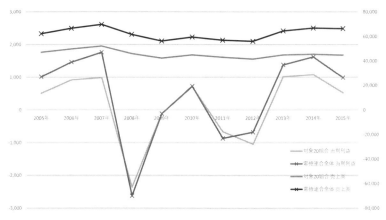

図 7-1　電機連合加盟組合全体及び対象 20 組合の動向　単位：10 億円

とは言えない年であった。中井（2014）は、大手電機各社の有価証券報告
書を基に財務分析を行ない、大手電機各社のほとんどの企業が 2007 年度
をピークに売上高を低下させ、2011 年度以降利益を確保できている企業
においても、売上を増やして、利益を確保するという財務的に強い体質で
はなくなり、売上の減少をリストラ等のコスト削減で補い、利益を確保す
るという状況がここ数年続いていると指摘している。

　このように社会環境変化に伴い、各企業における労働条件あるいは労働
環境も変化している可能性が生じ、各コーホートが体験した時代状況は大
きく異なってきている、こうしたことが、その後の働き方や就業意識にも
大きな影響を与えている可能性がある。

７.４.２　２時点に見た電機産業技術者の変化

　7.2 節で説明した手順に基づいて作成された擬似パネルデータを用いて
技術者の転職意欲の要因分析を行なう前に、分析サンプルについて労働条
件、労働環境の経年変化を記述的に検討する。表 7-2 に、被説明変数であ
る転職意欲、説明変数である転職による賃金上昇の期待値、教育訓練と、
仕事特性の各指標の平均値の変化をまとめる。

表 7-2　各指標の平均値の変化

	平均値		標準偏差		最小値		最大値	
	2008	2015	2008	2015	2008	2015	2008	2015
転職意欲	2.30	2.57	0.41	0.45	1.50	1.00	3.50	4.00
賃金上昇の期待値	-0.30	-0.08	0.12	0.14	-0.71	-0.43	0.00	0.35
自己啓発時間	2.53	2.42	1.57	2.02	0.00	0.00	9.75	11.50
スキルの汎用性 (社内)	2.48	2.18	0.37	0.46	1.50	1.00	3.50	3.20
スキルの汎用性 (社外)	1.87	1.64	0.38	0.43	1.00	1.00	3.00	3.00
会社による能力開発	2.61	2.64	0.40	0.39	1.50	1.50	4.00	3.50
仕事の自律性	2.65	2.59	0.36	0.46	1.67	1.00	3.67	4.00
仕事の成果	2.85	2.80	0.36	0.33	1.50	1.50	4.00	3.50
仕事の有能感	2.77	2.75	0.29	0.36	1.67	1.33	3.67	3.50
能力評価	2.77	2.93	0.33	0.33	1.80	2.00	4.00	3.67
業績評価	2.75	2.92	0.33	0.33	1.80	2.00	4.00	3.67
経営方針	3.10	3.26	0.37	0.43	2.29	2.00	4.00	4.00
チャレンジ精神	2.33	2.45	0.34	0.43	1.50	1.00	3.50	3.75
組合グループ	13.57	13.57	21.40	21.40	1.00	1.00	105.00	105.00
性別	1.11	1.11	0.32	0.32	1.00	1.00	2.00	2.00
学歴	2.18	2.18	0.72	0.72	1.00	1.00	3.00	3.00
年齢グループ	3.24	3.24	0.91	0.91	2.00	2.00	5.00	5.00

　まず技術者の転職意欲がどのように変化したかを見よう。リーマンショック後の景気回復と共に、電機産業の技術者において、転職意欲は増加している。労働条件とその他の労働環境において、企業による能力開発に対する知覚はほとんど変化していないのに対し、転職による賃金上昇の期待値は増加している。また、能力開発に関する指標は、わずかではあるものの、低下傾向があらわれている。このことから職業能力に対する自信の喪失傾向が窺える。仕事特性の各指標について、この間に変化があったことを示唆するものではなかった。

7.4.3　転職による賃金上昇は転職意欲を促進するか

　本節では前項で確認された転職意欲と転職による賃金上昇の期待値及び労働条件の関係を、計量的な手法を用いて厳密に検証する。具体的には、前節までの分析で用いた擬似パネルデータに対してパネル分析の手法を適用して、推定を行なう。

表7-3は2時点のデータを全てプールした最小二乗法の結果で、プールモデルは全てのコーホートの個体効果を同質、つまり個体効果がないと見なして最小二乗法推定するもので、これは2時点のクロスセクションデータを単純にプールして推定することに等しい。そして、表7-4は2つの時点間での変数値の一階差分を取ることで個体特有の効果を除去する階差モデルである。以下順に検証する。

　プールモデルによる分析の結果、第1に、転職意欲への影響に関しては、転職による賃金上昇の期待値は有意な正の影響を、スキルの汎用（社外スキル）は有意な正の影響、企業による能力開発に対する知覚は有意な負の影響を及ぼすことが確認された。これらの結果から、仮説1、仮説2、仮説3は支持されたと考えられる。次に、自己啓発時間に関して、有意な結

表7-3　擬似パネル分析の結果：Pooled OLS モデル

	係数	標準誤差	
賃金上昇の期待値	1.026	0.176	***
スキルの汎用性（社内）	-0.098	0.104	
スキルの汎用性（社外）	0.378	0.097	***
自己啓発時間	0.014	0.015	
企業による能力開発	-0.133	0.078	*
仕事の自律性	0.091	0.076	
仕事の成果	0.172	0.087	*
仕事の有能感	-0.468	0.104	***
労働組合連合会3	-0.210	0.103	**
労働組合連合会6	-0.197	0.117	*
労働組合連合会10	0.298	0.171	*
性別ダミー＿女性	-0.199	0.091	**
学歴ダミー＿大学院卒	0.255	0.079	***
年齢グループダミー＿41〜47歳	-0.142	0.084	*
年齢グループダミー＿48歳以上	-0.308	0.118	**
切片	3.090	0.327	***
サンプル数	228		
調整済決定係数	0.359		

注：***、**、*はそれぞれ1%、5%、10%水準で有意なことを示す
ダミー変数については有意な項目のみ表示

164

果は得られなかった。従って、仮説4に関しては不支持という結果になったと考えられる。そして、仕事特性において、3項目のうち、仕事の有能感は有意な負の影響を、仕事の成果は有意な正の影響を及ぼすことが確認された。この結果から、仮説5に関しては、部分的に支持されたと考えられる。

　第2に、ダミー変数項目に関して、転職意欲を促進するのは、大学院卒であること、転職意欲を抑制するのは、女性であることと、年齢が高いことが確認された。

　一方で、一階差分モデルによる分析の結果では、転職意欲への影響に関しては、自己啓発時間は有意な正の影響を及ぼすことが確認されたのに対して、仕事の成果に関して、有意な結果は得られなかった。従って、一階差分モデルでは、金銭的効用仮説、教育訓練仮説は支持された、仕事特性仮説は部分的に（仕事の有能感）支持されたと考えられる。

　プールモデルを一階差分モデルと比較して、個体（コーホート）効果の存在を考慮していないことから、推定値にバイアスが生じたと考えられる。このようなバイアスは、プールモデル及び一階差分モデルにおける企業による能力開発と仕事の有能感の係数を比較すると、より明確に確認できる。企業による能力開発に対する知覚について、プールモデルの係数は −0.13 に対して、一階差分の係数は −0.21 であり、プールモデルの結果には係数に下方バイアスがかかっていることが分かる。これは前節で述べた通り、個体（コーホート）効果を考慮しないことによる係数の過小推定そのものである。一方で、仕事の有能感について、プールモデルの係数は −0.47 であることに対して、階差モデルの係数は −0.26 であり、プールモデルの結果には係数に上方バイアスがかかっていることが確認である。言い換えれば、プールモデルで推定した転職意欲に対する仕事の有能感の規定力は過大に推定されている。

　このようなバイアスは、転職意欲や仕事の有能感、その他の意識変数など、個人の選好や潜在能力に左右されやすい項目を分析する際に頻出すると考えられ、その意味で本章の推定結果は、プールしたデータやクロスセ

表7-4 擬似パネル分析の結果：一階差分モデル

	係数	標準誤差	
賃金上昇の期待値	0.996	0.198	***
スキルの汎用性（社内）	−0.230	0.139	
スキルの汎用性（社外）	0.380	0.130	***
自己啓発時間	0.055	0.019	***
会社による能力開発	−0.209	0.095	**
仕事の自律性	0.102	0.100	
仕事の成果	0.172	0.114	
仕事の有能感	−0.261	0.136	*
サンプル数	114		
調整済決定係数	0.282		

注：***、**、* はそれぞれ1%、5%、10%水準で有意なことを示す

クションデータに基づいて意識項目を分析することの限界を明らかにした
と言えるだろう。

7.5 考察

　第7章では、電機連合（日本電機・電子・情報関連産業労働組合連合会）
によって実施された2008年の「高付加価値技術者のキャリア開発に関す
る調査」と、2015年の「暮らしと働き方に関する調査」の2年分の組合
調査データから擬似パネルデータを作成し、パネル分析の手法を用いて、
個体（コーホート）効果の存在によって発生するバイアスを除去しながら、
「労働条件あるいは労働環境の変化は転職意欲にどのような変化をもたら
すか」という問いについて検討した。

　以下では、2008年調査と2015年調査の技術者を対象に、擬似パネル分
析による仮説検証の結果をまとめる。

仮説1：（金銭的効用仮説）金銭的効用は、転職意欲と負の関係がある。
　→支持される
仮説2：（教育訓練仮説）スキルの汎用性は、転職意欲と正の関係にある。
　→支持される

仮説3：（教育訓練仮説）知覚された会社による能力開発が積極的であるほど、転職意欲を抑制する。

　→支持される

仮説4：自己啓発に投入した時間が長くなるほど、転職意欲は促進される。

　→支持される

　擬似パネル分析の結果、クロスセクションデータでは、自己啓発の効果が過小に推定される可能性も示唆された

仮説5：（仕事特性仮説）従業員が感じている従事する仕事の自律性は、転職意欲と負の関連がある。

仮説6：（仕事特性仮説）授業員が感じている従事する仕事の有能感は、転職意欲と負の関連がある。

仮説7：（仕事特性仮説）従業員が感じている従事する仕事の独創性は、転職意欲と負の関連がある。

仮説8：（仕事特性仮説）従業員が感じている従事する仕事に期待された成果は、転職意欲と負の関連にある。

7.6　今後の課題

　本章に残された課題は次の通りである。まず擬似パネルデータのコーホート数が最大114と確保できたとは言え、各コーホートのサンプル数が十分にあるとは言い難い。推定上頑健な結果が得られているかどうかに関して留意する必要がある。今後、個人を対象としたパネルデータか、サンプルサイズの大きいクロスセクションデータを用いた大規模な擬似パネルデータを使用しての追試をし、本章の結果と比較することが必要となろう。また元のクロスセクションデータが2年分に限られており、動学的な観点からの分析が限られている点も改善の余地がある。例えば企業による能力開発に対する知覚が転職意欲に与える影響を階差系列変数として、t-1期からt期への変化を分析対象とすることを検討する必要があろう。

第8章　本書の成果

　技術者の転職意欲について、ここまで、技術者を取り巻く労働市場の変化、技術者の転職意欲に関する先行研究のレビューを通じて、技術者の転職意欲に影響を及ぼす要因と考えられる「転職による賃金の上昇の期待値」、「教育訓練」と「仕事特性」に着目して実証分析を行なった。

　本章では、まず、各章における発見事実をまとめ、本書における職種比較分析、国際比較分析、及び擬似パネル分析の結果に関して、整理を行なうとともに、総合的な考察を行なう。その内容を踏まえて、本書による学術的貢献である理論的インプリケーションと政策的課題への貢献である実践的インプリケーションについて述べる。

8.1　発見事実の整理
8.1.1　日本の技術者を取り巻く環境の変化
　第2章では、既存の統計資料（就業構造基本調査と賃金構造基本調査）を用いて日本における技術者の人手不足の実態及び過去 15 年間の労働条件の変化について検討を行なった。発見事実は次の3点である。第1に、人手不足について、雇用者の「ストック」の状況を確認したところ、技術者の労働市場は 1997 年から 2017 年の 20 年では拡大傾向にあり、就業者数で見るとこの 20 年で 1.27 倍の規模に拡大した。少子化の結果、人口は減少しているものの、技術者の労働市場は、拡大を止めずにひたすら膨張していたという事実が確認できた。第2に、入職・転職といった「フロー」の状況について、正規雇用の技術者を男女、職種別で見ると、2007 年〜2017 年にかけて男女ともに転入職者率が低下する傾向が見られた。この

168

傾向はとりわけ情報処理技術者において顕著であった。年齢グループ別で見ると、男女共に34歳以下のグループでは転入職者率が高い。これは、こうした年齢層が転職などを通じて適職選択過程にあるためだと考えられる。一方35歳〜59歳のグループでは、男女共に転入職者率は低いが、2007年から2017年において、女性情報処理技術者では転入職率の低下が見られ、その他、女性技術者においては、上昇が確認されるという、明らかに異なる変化が発生している。一概に「人材確保」とはいっても、職種により、また性別により直面する状況は異なっており、その企業の特性に応じた対策、具体的には「どういった年齢層に対して、どういった対策を講じて人材確保をはかるのか」といった課題に向き合う必要がある。第3に、技術者が直面する労働市場の状況については、労働市場のひっ迫度が高い情報処理技術者とその他技術者の労働時間の短縮が進んだ。また、賃金の変化を見ると、需給環境は超過需要の状況が継続的に続き、労働市場の調整メカニズムによって2009年から2019年において、後半2014年から2019年の平均賃金変化が大きかった。

8.1.2 先行研究レビューの概要

　第3章では、技術者の転職における意思決定理論と、実証研究の動向について整理を試みた。まず第1節において技術系人材の組織内・組織間移動の状況について研究レビューから、日本の技術者を含む専門職の移動可能性が低いこと（言い換えれば一定の移動障壁）を確認した。第2節においては、転職の意思決定に関して、経済学的アプローチ、社会学的アプローチ、そして心理学的アプローチから実証研究をレビューし、技術者の転職の問題について、さらなる実証研究を積み重ねる必要があることを確認した。第3節では、労働市場論の観点から、技術者の意思決定のメカニズムを経済学的なモデルで表現した先行研究を整理した上で、「技術者、とりわけソフトウェア技術者とその他職種では個人レベルにおける転職の意思決定で違いが見られるのではないか？」、「日本のソフトウェア技術者と外部労働市場の発達する国、例えばアメリカのソフトウェア技術者では、個

人レベルにおける転職の意思決定で違いが見られるのではないか？」という2つの研究課題を導き出した。第4節においては、技術者の転職の意思決定に関して、技術変化の多様性により、不確実性が高まっていると考えられ、その解消には、人的資本投資の必要性が高まっていることも先行研究から確認できた。

8.2　分析結果の整理

　技術者を取り巻く労働市場の変化と技術者の転職意欲に関する先行研究のレビューを通じて、技術者の転職意欲に影響を及ぼす要因として「転職による賃金上昇の期待値」、「教育訓練」と「仕事特性」に着目する必要性を確認し、それらを踏まえて実証分析を行なった。まず、職種間差異については、電機産業に所属する技術者サーベイデータの職種間比較統計分析をもとに検証を行なった（第5章）。次に、国際比較については、日米ソフトウェア技術者のサーベイデータの比較統計分析を基にして検証を行なった（第6章）。そして、モデルの因果関係については、2008年と2015年2時点の電機産業の技術者調査データを基にして擬似コーホート分析によって検証を行なった（第7章）。以下に、各章における発見事実をまとめる。

8.2.1　職種比較に見る技術者の転職の意思決定

　第5章では、技術者の転職意欲に関して、金銭的効用、教育訓練、仕事特性の3つの要因と、どのような関連があるかという研究課題に対して、職種比較分析によって検証を行なった。仮説は、「仮説1：金銭的効用（期待賃金の上昇）は、転職意欲と正の関係にある」、そして「仮説2：スキルの汎用性は、転職意欲と正の関連がある（教育訓練仮説）」、「仮説3：会社による能力開発に対する知覚は、転職意欲と負の関係にある（教育訓練仮説）」、「仮説4：自己啓発に投入した時間長くなるほど、転職意欲は促進される（教育訓練仮説）」という教育訓練に関する3つの仮説と、「仮説5：仕事の自律性は、転職意欲と負の関連がある（仕事特性仮説）」、「仮説6：

仕事に有能感を感じるほど、転職意欲が抑制される（仕事特性仮説）」、「仮説7：仕事に独創性が必要であると感じるほど、転職意欲が抑制される（仕事特性仮説）」、「仮説8：仕事に期待された成果が出せたと感じるほど、転職意欲が抑制される（仕事特性仮説）」という仕事特性に関する仮説4点であった。

　分析手法は、転職による賃金上昇の期待値（相対賃金）に教育訓練、仕事特性の諸変数を加え、これらの、転職意欲の有り無しという被説明変数に対する影響を、プロビットモデルで検証した。仮説を支持する3点の結果が得られた。

(1) 金銭的効用は、技術者の転職意欲を促進する。

　同職種への転職もしくは他職種への転職における、賃金上昇の期待値がもつ有意な影響は、技術者（ソフトウェア技術者とハードウェア技術者）のみに認められ、企画・営業・事務職や技能職への影響は認められなかった。技術者の転職の意思決定において、金銭的効用の影響がある可能性が、今回の分析結果から示唆される。

(2) スキルの汎用性に対する認識や自己啓発は、技術者の転職意欲を高めるが、企業による能力開発に対する知覚は、転職意欲を低下させる。

　教育訓練については、ソフトウェア技術者の転職意欲を有意に低下させるのは会社による能力開発に対する知覚である。ソフトウェア技術者を対象に、企業が教育訓練の機会を与えることで、技術者と雇用主の間における、労働者の能力についての情報の非対称性が解消され、仕事とのマッチングが良くなる可能性が考えられる。企業による教育訓練は、ソフトウェア技術者の人的資本の上昇による生産性や賃金の向上と共にそれ以外の役割もあると考えられる。

　一方、社内においてスキルの汎用性があること、普段自己啓発をすることは、ソフトウェア技術者の転職意欲を増加させることが示された。この結果は、教育訓練の内容の影響を反映していると考えられる。自己啓発を通じて、会社を超えて通用する一般性のあるスキルを身につけることができるのに対して、会社による能力開発は、企業特殊的なスキルを身につけ

る効果があると考えられる。また、普段自己啓発することは比較を行なったすべての職種に、転職意欲に有意なプラスの影響を与えるが、スキルの汎用性の転職促進効果は、ハードウェア技術者に認められなかった。

(3) 仕事とのマッチングが良い（仕事の自律性、仕事の成果、仕事の有能感）と感じるほど、転職意欲が抑制されるが、仕事に独創性が必要である（自分の能力と職務とのギャップ）と感じるほど、転職意欲が高まる。

　仕事特性について、技術者（ソフトウェア技術者とハードウェア技術者）の転職意欲を有意に低下させるのは、仕事の有能感であり、企画・営業・事務職や技能職の転職意欲に有意な負の影響を与えるのは仕事の自律性である。分析したすべての職種に共通し、仕事に独創性が必要であると認識するほど、転職意欲が高まる。これは、仕事には独創性が必要であると感じるのは、自分の能力と職務にギャップがあり、転職の確率が高まると考えられる。

8.2.2　日米比較に見るソフトウェア技術者の転職の意思決定

　第6章では、第5章と同じ分析手法で、転職の意思決定モデルを用いて海外においても、同様な説明力をもつのかについて、日米のソフトウェア技術者を対象に国比較分析によって検証を行なった。その結果ソフトウェア技術者の転職の意思決定モデルは、国によって異なる。

　ソフトウェア技術者の転職意欲に影響を与えるスキルの汎用性は、国により異なる結果になった。日本のソフトウェア技術者は、社内においてスキルの汎用性を感じるほど、転職したくなるのに対して、アメリカのソフトウェア技術者は、転職したくなくなる。社内でのスキルの汎用性については、日米の人事制度の差異、特に採用と配置から解釈する必要がある。先行研究で述べたように、日本の企業は毎年4月に一括新卒採用を行なっており、入社してから配属を考える。ソフトウェア技術者のポジションに配属したとしても、あくまで「社員」として採用しているケースが多いため、その後、適性を見ながら営業や技術部門などのジョブ・ローテーションを通じて人材を育成していく。一方、新卒一括採用の概念がないアメリ

カでは、ポジションに応じて人材を採用する。そのため部門をまたいだ人事異動は少なく、ソフトウェア技術者で入社した場合は、ずっとソフトウェア技術者の仕事をする。従って、同じ「社内」でのスキルの汎用性に対する考え方は、このような採用と配置の違いによって、適用の範囲に回答のバイアスが存在する可能性に留意する必要がある。つまり、日本においては「社内」は、広いスキル概念で、アメリカでは狭い概念である。

　また、日本のソフトウェア技術者においては、普段自己啓発を行なうことで、転職意欲が有意に高まることがアメリカのソフトウェア技術者と異なる。このことは日本のソフトウェア技術者にとって、会社が行ったOJTによって蓄積してきたスキルは企業特殊的な部分が多く、企業を超えて通用する可能性は低いが、日本の技術者が、自己啓発によって獲得する技能は一般性が高いと考えられていると解釈できる。

8.2.3　擬似パネル分析に見る技術者の転職の意思決定

　第7章では、第5章と第6章の結果を踏まえ、観察されない個人の能力ややる気などの異質性の影響を除外しても金銭的効用、教育訓練、仕事特性から、転職意欲への影響が残存するのかを、2時点の電機産業技術者調査を利用して検証した。分析手法として、2時点で収集された技術者のクロスセックションデータから擬似パネルデータを作成し、Pooled OLSと一階差分モデルで分析を行なった。分析の結果は以下の通りである。

　推定結果からは、PooledデータをそのままOLS推定した場合、個体効果を考慮した一階差分モデルを用いた場合に比べ、転職意欲に対する会社による能力開発に対する知覚の規定力は過小に推定され、仕事の有能感は過大に推定されることが分かった。

　先行研究では、主にクロスセクションデータを用いて転職意欲と転職による賃金上昇の期待値との関係について検証しているが、そのような分析によって得られる係数値にはバイアスが存在することが示唆される。

　以上の結果から、転職の意思決定とその規定要因の関係を分析する際に、主に静的な情報のみを入手できるクロスセクションデータではなく、個人

の意識変化や所得変化などを把握できるパネルデータを利用することの重要性が示唆された。第7章で示したように、Pooled データやクロスセクションデータを用いた分析は、個体効果を考慮しないことにより、係数にバイアスがかかっている可能性がある。会社を辞めるか否かに関する意思決定が、どのような要因によってどの程度規定されるのかを厳密に検証するにあたっては、同一個人の転職意欲を継続的に調査したパネルデータの整備とその分析の重要性を指摘することができよう。

8.3 総合考察

本書では、前節で整理したように、第5章、第6章ならびに第7章において、定量的分析を行なった。本節では、以上の内容に関する総合的な考察を行う。

本書において、技術者の転職意欲に関する先行研究や既存の統計調査から、1997年から2017年の期間において技術者の需給環境が超過需要である状況が継続的に続き、労働市場の調整メカニズムは2009年から2019年の期間では2014年から2019年の平均賃金変化が大きかったことや、技術者の質的不足が高騰していることを確認した。この状況は、職務とのギャップとも関連性があることから、技術者の転職意欲に影響を及ぼす要因として「転職による賃金上昇の期待値」、「教育訓練」と「仕事特性」に着目した。その上で、労働市場論の観点から、技術者の意思決定のメカニズムを経済学的なモデルで表現した先行研究を整理し、「技術者、とりわけソフトウェア技術者とその他職種では個人レベルにおける転職の意思決定で違いが見られるのではないか？」、「日本のソフトウェア技術者と外部労働市場の発達する国（アメリカ）のソフトウェア技術者では個人レベルにおける転職の意思決定で違いが見られるのではないか？」という2つの研究課題を導き出した。

技術者の転職意欲に影響を与える3つの要因に関する金銭的効用仮説、教育訓練仮説、そして仕事特性仮説はともに支持された。

以下の本書全体で設定した仮説を再掲し、それぞれの仮説検証結果をまとめる。

表 8-1　仮説検証の結果

	アメリカのソフトウェア技術者	日本のソフトウェア技術者	日本のハードウェア技術者	事務・営業・企画系	技能系
仮説 1（金銭的効用仮説）：金銭的効用は、転職意欲と負の関係がある。	○	○	○		
仮説 2（教育訓練仮説）：スキルの汎用性は、転職意欲と正の関係にある。	▲	○		○	○
仮説 3（教育訓練仮説）：会社による能力開発は、転職意欲を抑制する。	○	○			
仮説 4（教育訓練仮説）：自己啓発は、転職意欲を促進する。		○	○	○	○
仮説 5（仕事特性仮説）：仕事の自律性は、転職意欲を抑制する。				○	○
仮説 6（仕事特性仮説）：仕事の有能感は、転職意欲を抑制する。	○	○	○		
仮説 7（仕事特性仮説）：仕事の独創性は、転職意欲を抑制する。		▲	▲	▲	▲
仮説 8（仕事特性仮説）：成果を出せることは、転職意欲を抑制する。	○				

8.4　本書の理論的インプリケーション

　本節では、本書の結果が示すと考えられる、経済学を中心とする関連研究領域における、理論的インプリケーションについて述べる。本書の結果は、転職の意思決定、教育訓練と仕事特性という、大きく 2 つのテーマにおいてのインプリケーションを有すると考えられる。

(1) 転職の意思決定

　第 3 章でもレビューしたように、転職の意思決定に関する課題は、経済

学、社会学、心理学などの様々な学問領域で研究されてきた。先行研究による多くの知見の蓄積の中で、転職の意思決定に関して、本書がもつ理論的インプリケーションとしては、職種別の転職行動に関して示唆を得た点があげられる。研究対象を、ソフトウェア技術者という組織内プロフェッショナル職に限定することで、その仕事特性やその職種に特有な嗜好に即した能力開発や職務設計に関する知見を示すことができたと考えられる。

（2）教育訓練

　教育訓練における大きな論点として、訓練を受ける労働者の特性、訓練にかかる費用の負担、そして会社による教育訓練がその後の転職や賃金上昇にどのような影響を与えるかなどがあげられる。教育訓練にかかる費用の負担者に着目し、教育訓練を受けることと転職意欲との関連に着目した研究は、まだ十分に蓄積されているとはいい難い。本分析の結果から、自己啓発は、技術者の転職意欲を高めるが、会社による能力開発に対する知覚は、転職意欲を低下させることが分かった。本成果により、教育訓練に関する学術的知見のさらなる充実に貢献できたと考える。

（3）仕事特性

　本書の発見事実から、仕事特性に関して、技術者確保のための対策として重要なこととして次の4点を指摘しておきたい。第一に、自らの業務目標の明確化や進め方の裁量などの高さが転職意欲を抑えること、第二に、仕事の出来具合に関して自己評価が高いと転職意欲を抑制すること、第三に、能力の発揮に関して自己評価が高いと転職意欲を抑制すること、最後に、自分の能力と職務との間ギャップがあることは転職意欲を促進することが分かった。

8.5　本書の実践的インプリケーション

　では最後に、政策的課題ならびに実際の問題に対して、本書の成果が示すと考えられる実践的インプリケーションについて述べる。

本成果による、マクロレベルでの政策的課題に対する実施的貢献は、第1章でも述べたように、政府関係が各方面で実施する技術人材育成のためのプロジェクトに対するものである。本書における分析結果は、会社が能力開発を積極的に推進することによって、技術者と雇用主の間における技術者の能力についての情報の非対称性が解消され、技術者の転職意欲を低下させ、それによって技術者の能力向上、仕事とのマッチングの確保を図ることができる可能性を示唆するものである。

　そして、本書の成果に関して、ミクロレベルで見た場合の実践的貢献は、技術人材に対して、会社による積極的な能力開発や、適切な職務設計が、技術者個人の転職意欲を低下させることを実証できた点にある。本書の出発点は、近年の日本の少子高齢化や情報技術の進展に伴なって、さらなる需要の高まりが予想される技術者の人材（人手）不足という問題を解消するためには技術者の能力と技術者の職務とのギャップを解消することや新たな人材確保策が必要であるという問題意識であった。本書で、技術系人材（人手）不足という課題に関して、教育訓練を推進することによって、技術者の転職を抑制することで彼らが長期戦力化し、長く付加価値の高い仕事に従事することができる可能性の示唆を得ることができた。

　以上を総括すると、本書の大きな貢献は以下の2点に要約できる。

　第1は、技術者の「人的資本」と転職意欲の間に関係があることを統計的に明らかにした点、第2は、技術者の「人的資本」と転職意欲の関係について、日本とアメリカの差異の存在を明らかにした点である。

第9章　課題と展望

　本章では、本書において十分に取り扱うことができていないと考えられる内容に関して、本書の限界ならびに課題として整理する。そして、本書の成果を踏まえ、今後の研究における展望について述べる。

9.1　本書の限界と課題

　本書では多数の分析を行なってきたが、主要な限界点として「概念抽出」と「分析データ」の問題が考えられる。

9.1.1　概念抽出について

　本書の問題意識は、「転職の意思決定」に影響与える要素は何か、である。しかし、この議論の前提として、転職意欲を高める様々な不効用は企業にとって望ましくないものであり、不効用が高まれば労働者は努力しなくなり、パフォーマンスは低下するという仮定を置いた。この基本的な仮定が未検証として残っている。技術者の転職意欲（不効用）は、仕事パフォーマンスに本当にネガティブな影響を及ぼすのだろうか。このパフォーマンスの検討は、様々な企業戦略のみならず、政府の人的資源政策に対しても大きな影響を持つ。仮定ではなく、重要な研究テーマとして、今後の研究が必要である。

　次に、転職意欲に影響を与える要素として、「教育訓練」を取り上げた。しかし、本書では、会社による能力開発あるいは自己啓発の中身までは調べきれなかった。

9.1.2　分析データについて

　本書の分析において、利用したデータにいくつかの点で改善を要する。第1に、国による差異の検討において、アメリカの女性ソフトウェア技術者に関しては、サンプル数が27と少数であることである。サンプル数の少ないことが有意確率に影響していることは否定できない。第2に、アンケート調査が実施された2016年の事情と現在の状況との違いに留意する必要がある。第三に、今回は労働市場の流動性が高いアメリカのソフトウェア技術者との比較を試みたが、分析対象とならなかった諸外国のソフトウェア技術者の転職希望に対する分析を通して、さらに、この問題の一般的検討を行なう必要がある。以上は今後の課題として取り組む予定である。

　また、因果関係の検討について、元のクロスセクションデータが2年分に限られており、動学的な観点からの分析が限定的であった点も改善の余地がある。例えば、コーホートの区切り方として、他に出世年コーホートや入社年コーホートなどの変数も用いて、さらに詳細なコーホートを作成し分析する必要もある。これらの課題のうちいくつかの点については、電機連合調査が継続されることにより対応可能であり、今後の課題としたい。

9.2　今後の展望

　本節では、本書の成果を踏まえ、本書の締め括りとして今後の研究の展望について述べる。具体的には、今後重要となる研究テーマ・領域として、「質的調査による分析」、「分析モデルの改善」、「中小企業への応用」、「意識から行動への展開」の4つが想定される。

9.2.1　質的調査による分析

　将来の研究としてもっとも重要となるものが、「質的調査による分析」である。本書では、「金銭的効用」、「教育訓練」、「仕事特性」が技術者の転職意欲に与える影響について、もっぱら量的データによる分析を行なってきた。多数の分析を通して、定量的に様々な知見・示唆が得られたことは、本書の1つの貢献である。しかしながら、意識レベルの研究に関して、

今後必要となる分析は、本書結果から得られた知見・示唆に対する、質的調査を通した裏付けと発展である。例えば、本書結果から、「スキルの汎用性」が転職意欲に影響を及ぼすことが明らかとなった。しかしながら、技術者が身につけているスキルは、具体的にどのような能力構成なのか、さらに、その能力は、キャリアのどの時期でどういう方法によって、身につけるかについては、明らかにされていない。本書の知見・示唆の裏付けや、さらなる発展のためにも、インタビュー調査等による質的調査が不可欠である。

9.2.2 分析モデルの改善

　将来の研究における第2のテーマは、分析モデルの改善である。本書では、広い意味での効用概念を用いて、技術者の転職を効用最大化問題として定式化して、プロビットモデルによる分析を行なったが、本モデルには改善の余地がある。例えば、対象となる金銭的効用についてである。本書では、「転職による賃金上昇の期待値」を金銭的効用の代表として取り上げたが、使用したデータは、企業規模計の労働市場情報である。企業規模、企業ランク別の情報を追加することが、レファレンスグループの的確性を高めると考えられる。求人企業の実情に即したモデルを組んでいくことの必要性である。

9.2.3 中小企業への応用

　将来取り組みたい第3のテーマは、中小企業に焦点を当てた調査・分析である。先行研究でも言及されているように、日本のソフトウェア技術者は、企業の業態によりキャリアパスに違いが見られる。それは上流工程から下流工程まで一貫して請け負う大企業に対し、下流工程を主として請け負う中小企業では、下流工程から上流工程へのキャリアアップを希望するソフトウェア技術者に対し、キャリアパスが用意されていない点である。本書では電機連合の加盟組合企業を対象にしたデータを用いたため全体として大手企業に所属する者が多数を占めていた。しかしながら、日本にお

ける企業の9割以上は中小企業に区分される。それゆえ、本書で得られた知見・示唆の信頼性と妥当性を担保するためには、中小企業に焦点を当てた再調査が不可欠である。

9.2.4　意識から行動への展開

　本書では被説明変数として「転職意欲」を使用したが、先行研究でも議論したように、「意識」と「行動」は異なる次元のものであり、「期待賃金」、「教育訓練」、「仕事特性」の実践的な影響力を明らかにするためには、実際の転職行動を結果変数にすることが重要である。すなわち、転職を基準変数として、転職行動の一連のプロセスである、転職意思→転職活動（職探し）→転職行動に関する総合的なモデル構築も行ないたい。

9.3　おわりに

　本書では、「転職による賃金上昇の期待値」、「教育訓練」、そして「仕事特性」が技術者の転職の意思決定に与える影響をテーマに、日米の個票データを用いて分析を行なってきた。しかしながら、本書で明らかにされた知見・示唆は、限定的であり、研究を通して、新たな疑問・検討すべきテーマが明らかとなった。

　本書分野において今後重要となる論点は、企業による能力開発は誰を対象に、どのように、どういった内容を、どの頻度で実施すべきか、である。そして、そのような能力開発を通じて蓄積されたスキルが、賃金及び転職の意思決定に与える影響を時系列的に追っていくことである。また、本書でも触れた「性別」、「学歴」、「介護が必要な家族の有無」といった個人・家族属性は、「教育訓練」に対する基本的な姿勢や影響の受け方に影響を与える可能性があるため、別途検証が必要である。

　以上のような多数の課題は残しつつも、本書は、転職と言う、重要な社会経済現象に関する研究発展の一助になると確信する。

参考文献及び URL

日本文献

安田三郎（1971）『社会移動の研究』東京大学出版会.

安藤りか（2011）「キャリアモデルの発展と転職観の変化」『キャリアデザイン研究』7, 199-212.

安藤りか（2021）「なぜキャリア教育科目は「働くことの意味」を重要視しないのか―文献による検討―」『名古屋学院大学論集 社会科学篇』57(4), 99-114.

伊藤彰浩（2013）「高度成長期と技術者養成教育」『日本労働研究雑誌』634, 40-50.

益田隆司（2004）「情報技術と教育：独創と改善」『情報処理』45(12), 1278.

岡本弥・照山博司.（2010）仕事の「満足度」と転職瀬古美喜・照山博司・山本勲・樋口美雄編日本の家計行動のダイナミズム6：経済危機下の家計行動の変容, 115-137 慶応義塾大学出版会.

恩田正行・賀茂美則（2018）「アメリカの労働市場」『日本労働研究雑誌』.

加藤みどり（2021）「事業を創造する技術人材育成要因の質的データ分析」, 81-84.

加藤敦（2009）「システムエンジニアの自己投資について：理論的枠組みの整理と実証的研究」『同志社女子大學學術研究年報』60, 9-18.

花岡智恵（2009）「賃金格差と介護従事者の離職」『季刊社会保障研究』45(3), 269-286.

岸田研作・谷垣靜子（2008）「介護職員が働き続けるには何が必要か？．岡山大学経済学会ディスカッション・ペーパー・シリーズ II-64」.

貴島文緒・高野研一（2020）「若手の転職希望意識に関する研究―IT エンジニアを対象とした若手と中堅の認識の比較―」『経営情報学会誌』29(1), 17-38.

吉田恵子（2004）「自己啓発が賃金に及ぼす効果の実証分析」『日本労働研究雑誌』532, 40-53.

吉田康太（2018）「IT 人材の長期戦力化に向けたキャリア開発：中高年 IT 人材 10 名のプロジェクト経験分析（2017 年労働政策研究会議報告 非正規社員の処遇をめぐる政策課題）『日本労働研究雑誌』60(691), 100-113.

久本憲夫（1999）『企業内労使関係と人材形成』有斐閣.

宮崎悟（2010）「拡大する女性看護職の非正規雇用と看護労働の動向―「就業構造基本調査」データによる概観―」『日本医療・病院管理学会誌』47(4), 197-207.

宮本大（2010）「技術者の職務遂行能力に関する一考察：職種別にみた技術者に必要な能力とは」『流通經濟大學論集』45(3), 9(127)-19(137).

近藤博之（2000）『戦後日本の教育社会』東京大学出版会.

権丈英子（2009）「長時間労働とワーク・ライフ・バランスの実態―連合総研「勤労者短観」から」連合総合生活開発研究所『広がるワーク・ライフ・バランス―働きがいのある職場を実現するために』, 141-163.

戸田淳仁・馬欣欣（2005）「若年時の転職がその後の賃金に及ぼす影響」『樋口美雄・慶應義塾大学経商連携』21, 163-179.

高橋弘司・渡辺直登（1995）「働く女性の離転職意思の決定要因」『経営行動科学』10(1), 55-66.

高見具広（2016）「働く時間の自律性をめぐる職場の課題：過重労働防止の観点から（特集 今後の労働時間のあり方を考える）」『日本労働研究雑誌』58(12), 39-52.

三崎秀央（2004）「研究開発従事者のロイヤリティと組織の業績―製造業における研究所・研究部門の定量的分析」『商学論集』72(3), 13-30.

三輪卓己（2001）『ソフトウェア技術者のキャリア・ディベロップメント：成長プロセスの学習と行動』中央経済社.

山下京・八木隆一郎（1991）「仕事の楽しさに及ぼす有能性と自律性の効果について」『人間科学：関西大学大学院』34, 95-146.

山下京（2001）「産業場面における認知的評価理論の有効性の検討」『対人社会心理学研究』1, 37-44.

山田篤裕・石井加代子（2009）「介護労働者の賃金決定要因と離職意向」『Vol.45 Winter 2009 No.3』, 229.

山田篤裕（2009）「高齢者就業率の規定要因」『日本労働研究雑誌』(589), 4-19.

山本寛（2008）『転職とキャリアの研究：組織間キャリア発達の観点から』創成社.

周燕飛（2009）「介護施設における介護職員不足問題の経済分析」『医療と社会』19(2), 151-168.

小川慎一（2013）「日本における労働市場の社会学の展開：労働移動の研究を中心に」.

小平和一朗（2014）「エンジニアに求められるセンスウェア―エンジニアリング・ブランド構築を分析する―」『開発工学』34(1), 47-57.

申美花（2002）「ホワイトカラーの二重コミットメントに関する研究―コミットメントによる人材タイプ別の比較」『三田商学研究』44(6), 117-143.

西村健（2015）「賃金と労働移動から見た日本のプロフェッショナル労働市場」『経済論叢』189(2), 29-48.

青島矢一（2005）「R&D 人材の移動と技術成果」『日本労働研究雑誌』541, 34-48.

石山恒貴（2011）「組織内専門人材の専門領域コミットメントと越境的能力開発

の役割」『イノベーション・マネジメント』8, 17-36.

石田浩・近藤博之・中尾啓子（編）（2011）『階層と移動の構造』東京大学出版会.

村上由紀子（2003）『技術者の転職と労働市場』白桃書房.

太田肇（1993）『プロフェッショナルと組織：組織と個人の「間接的統合」』同文舘出版.

大橋勇雄・中村二朗（2002）「転職のメカニズムとその効果」玄田有史・中田喜文編『リストラと転職のメカニズム―労働移動の経済学』東洋経済新報社, 145-173.

大石修而（1972）「高専, 十年目の模索」『工業教育』19(2), 46-47.

中西良文（1998）「教師有能感についての探索的研究―尺度構成の検討」『学校カウンセリング研究』(1), 17-25.

中田喜文・宮﨑悟（2011）「日本の技術者」『日本労働研究雑誌』606, 30-41.

直井優・盛山和夫（1990）『社会階層の構造と過程』東京大学出版会.

藤井薫（2003）「変わる技術者の職業能力と資格の有効性：転職市場で役立つ資格 今とこれから（＜小特集＞生き残りのための技術者資格：あなたは他社でも通用しますか）」『日本機械学会誌』106(1011), 95-98.

藤田誠（1990）「キャリア意識と帰属意識に関する実証分析」『早稲田商学』(338), p1221-1247.

福谷正信（2007）『研究開発者技術者の人事管理』中央経済社.

藤本昌代（2005）「科学技術系研究者・技術者の処遇と社会的相対性」『日本労働研究雑誌』(541), 49-57.

藤本昌代（2012）「高流動性社会における就業制度と高学歴者の転職行動：米国シリコンバレーのフィールドワーク調査より」『同志社社会学研究』―（16）, 17-36.

藤本昌代（2013）「内部労働市場における科学技術系専門職の就業構造」『クオリティ・エデュケーション＝Journal of quality education：国際教育学会機関誌』5, 13-28.

藤本哲史（2015）「技術者の創造的な職務行動―男女差のパズル」『産政研フォーラム』(106), 26-32.

日本経営者団体連盟（1956）「新時代の要請に対応する技術教育 に関する意見」『（戦後日本教育史料集成編集委員会編『戦後日 本教育史料集成』第5巻, 三一書房, 1983に所載）』.

萩原牧子・照山博司（2017）「転職が賃金に与える短期的・長期的効果 - 転職年齢と転職理由に着目して」『Works Discussion Paper No. 16, リクルートワークス研究所』.

樋口美雄・戸田淳仁（2005）「企業による教育訓練とその役割の変化」『KUMQRP

DISCUSSION PAPER SERIES（DP2005-002）』.

樋口美雄（2001）『雇用と失業の経済学』日本経済新聞社.

富永健一（1979）『日本の階層構造』東京大学出版会.

武石恵美子（2009）「ワーク・ライフ・バランス実現向けた職場マネジメントの課題」連合総合生活開発研究所編『広がるワーク・ライフ・バランス―働きがいのある職場を実現するために―』.

勇上和史.（2001）猪木武徳・連合総合生活開発研究編「転職」の経済学―適職選択と人材育成．93-113 東洋経済新報社.

櫻井浩子（2015）「女性 IT 技術者支援―「分野・地域を越えた実践的情報教育協働ネットワーク」女性部会 WiT の取組み」『コンピュータ ソフトウェア』32(2).

蔡錫（2007）「専門職集団と組織」『日本労働研究雑誌』(565), 21-32.

大薗陽子（2009）「IT エンジニアの職務満足度に関する実証研究」『イノベーション・マネジメント』6, 119-140.

日高靖和・小林敏男（2011）「技術系人材のマネジメントに関する基礎的研究：採用・配置に関する先行研究の渉猟を中心に」『大阪大学経済学』61(3), 38-56.

朝倉隆司（2002）「ソフトウェア技術者のストレス対策（産業・経済変革期の職場のストレス対策の進め方各論 4. 事業所や職種に応じたストレス対策のポイント）」『産業衛生学雑誌』44(4), 117-124.

田中健吾（2017）「IT 技術者におけるソーシャルスキルのストレス緩衝効果」『日本心理学会大会発表論文集』81(0), 3B-090.

今井亮一・工藤教孝・佐々木勝・清水崇（2007）『サーチ理論：分権的取引の経済学』東京大学出版会.

太田肇（1996）『個人尊重の組織論：企業と人の新しい関係』中央公論社.

戸田淳仁（2010）「職種経験はどれだけ重要になっているのか―職種特殊的人的資本の観点から」『日本労働研究雑誌』52(1), 5-19.

赤林英夫（2012）「人的資本理論」『日本労働研究雑誌』54(4), 8-11.

野坂博南（2014）「探索方法の違いから見たサーチ理論の研究動向について」『關西大學經済論集』63(3-4), 355-384.

坂田淳一（2005）「情報通信産業における新興ソフトウェア開発企業の保有する技術が企業成長に及ぼす要因の分析研究」博士学位論文（早稲田大学）.

中村天江（2015）「変容する労働市場下での転職：採用パターンと Person-Environment Fit」『Works review』10, 16-29.

中田喜文（2016）「日本のソフトウェア技術者の生産性及び処遇の向上効果研究：アジア，欧米諸国との国際比較分析のフレームワークを用いて」『2014 年度ソフトウェア工学分野の先導的研究支援事業成果報告書』.

南雲智映（2003）「ソフトウエア技術者の中高年齢化「年齢限界説」の考察」『日本労務学会誌 = Japan journal of personnel and labor research』5(2), 11-24.

梅澤隆（1996）「情報サービス産業の分業とソフトウェア技術者のキャリア・職業意識」『三田商学研究』39(1), 63.

中井誠（2014）「わが国電機産業の国際経営戦略」『四天王寺大学紀要 = Shitennoji University Bulletin』(58), 429-440.

新谷庸介（1999）「大就職難時代の高校生の進路選択―豊かさの中の大就職難は多くの無業者を生み、教師・生徒・親の間に大きなすれ違いを生む」『月刊学校教育相談』13(14), 6-9.

URL 等（引用順）

URL1：経済産業省（2016）「平成 30 年度我が国におけるデータ駆動型社会に係る基盤整備（IT 人材等育成支援のための調査分析事業）」経済産業省ホームページ（2018 年 9 月 24 日閲覧、https://www.meti.go.jp/policy/it_policy/jinzai/houkokusyo.pdf）。

URL2：経済産業省（2020）「ものづくり白書」経済産業省ホームページ（2020 年 10 月 18 日閲覧、https://www.meti.go.jp/report/whitepaper/mono/2020/honbun_pdf/index.html）

URL3：内閣府（2017）「経済財政運営と改革の基本方針 2017～人材への投資を通じた生産性向上～（平成 29 年 6 月 9 日閣議決定）」内閣府ホームページ（2019 年 3 月 9 日閲覧、https://www5.cao.go.jp/keizai-shimon/kaigi/cabinet/2017/decision0609.html

URL4：労働政策研究・研修機構（2016）「人材（人手）不足の現状等に関する調査（企業調査）結果及び「働き方のあり方等に関する調査」（労働者調査）結果」労働政策研究・研修機構ホームページ（2017 年 8 月 9 日閲覧、https://www.jil.go.jp/institute/research/2016/162.html）

URL5：文部科学省（2008）「産学連携による実践型人材育成事業―ものづくり技術者の育成―」文部科学省ホームページ（2017 年 8 月 10 日閲覧、https://www.mext.go.jp/a_menu/koutou/renkei/08061701.htm）

URL6：文部科学省（2012）「産学協働人財育成シンポジウム～産学協働による人財育成に向けたアクションの始動～」文部科学省ホームページ（2017 年 8 月 10 日閲覧、https://www.mext.go.jp/b_menu/shingi/chousa/koutou/46/gaiyou/1329355.htm）

URL7：首相官邸（2012）「グローバル人材育成推進会議」首相官邸ホームページ https://www.kantei.go.jp/jp/singi/global/index.html

URL8：文部科学省（2010）「大学における実践的な技術者教育のあり方（案）」文部科学省ホームページ（2017 年 8 月 10 日閲覧、https://www.mext.go.jp/b_menu/shingi/chousa/koutou/41/041_1/attach/1291662.htm）

URL9：労働政策研究・研修機構（2004）「中高年齢者の活躍の場についての将来展望」労働政策研究・研修機構ホームページ（2017 年 8 月 9 日閲覧、https://www.jil.go.jp/kokunai/statistics/sansyoku/index200408.html）

URL10：厚生労働省（2020）「介護保険事業状況報告（暫定）」厚生労働省ホームページ（2021 年 5 月 9 日閲覧、https://www.mhlw.go.jp/topics/kaigo/osirase/jigyo/m20/2005.html）

外国語文献

Abelson, M. A.(1987). Examination of avoidable and unavoidable turnover. *Journal of Applied Psychology, 72*(3), 382.

Aranya, N., & Ferris, K. R.(1984). A reexamination of accountants' organizational-professional conflict. *Accounting Review*, 1-15.

Attanasio, O. P., & Weber, G.(1995). Is consumption growth consistent with intertemporal optimization? evidence from the consumer expenditure survey. *Journal of Political Economy, 103*(6), 1121-1157.

Bakó, T.(2015). Determinants of on-the-job search behavior: An empirical analysis. *Advances in Economics and Business, 3*(1), 22-32.

Bartel, A. P.(2000). Measuring the employer's return on investments in training: Evidence from the literature. *Industrial Relations: A Journal of Economy and Society, 39*(3), 502-524.

Becker, G. S.(1964). *Human capital:Ital: A theoretical and empirical analysis, with special reference to education.* New York: Columbia University.

Bigliardi, B., Petroni, A., & Dormio, A. I.(2005). Organizational socialization, career aspirations and turnover intentions among design engineers. *Leadership & Organization Development Journal*, 421-441.

Bloom, B. S., & Krathwohl, D. R.(2020). *Taxonomy of educational objectives: The classification of educational goals. book 1, cognitive domain* Longman.

Bludedorn, A. C.(1978). A taxonomy of turnover. *Academy of Management Review, 3*(3), 647-651.

Browning, M., Deaton, A., & Irish, M.(1985). A profitable approach to labor supply and commodity demands over the life-cycle. *Econometrica: Journal of the Econometric Society*, 503-543.

Calisir, F., Gumussoy, C. A., & Iskin, I.(2011). Factors affecting intention to quit among IT professionals in turkey. Personnel Review, 514-533.

Cao, Z., Chen, J., & Song, Y.(2013). Does total rewards reduce the core employees' turnover intention? *International Journal of Business and Management, 8*(20), 62.

Chang, H., Chi, N., & Chuang, A.(2010). Exploring the moderating roles of perceived person-job fit and person-organisation fit on the relationship between training investment and knowledge workers' turnover intentions. *Applied Psychology, 59*(4), 566-593.

Clark, A. E., Frijters, P., & Shields, M. A.(2008). Relative income, happiness, and utility: An explanation for the easterlin paradox and other puzzles. *Journal of Economic Literature, 46*(1), 95-144.

Clark, A. E., & Senik, C.(2010). Who compares to whom? the anatomy of income comparisons in europe. *The Economic Journal, 120*(544), 573-594.

Dalton, D. R., Todor, W. D., & Krackhardt, D. M.(1982). Turnover overstated: The functional taxonomy. *Academy of Management Review, 7*(1), 117-123.

Deaton, A.(1985). Panel data from time series of cross-sections. *Journal of Econometrics, 30*(1-2), 109-126.

Deaton, A., & Paxson, C.(1994). Intertemporal choice and inequality. *Journal of Political Economy, 102*(3), 437-467.

Deci, E. L., & Ryan, R. M.(2013). *Intrinsic motivation and self-determination in human behavior* Springer Science & Business Media.

Dobbin, F.(2004). *The sociology of the economy* Russell Sage Foundation.

Fligstein, N.(2001). Social skill and the theory of fields. *Sociological Theory, 19*(2), 105-125.

Gouldner, A. W.(1957). Cosmopolitans and locals: Toward an analysis of latent social roles. I. *Administrative Science Quarterly*, 281-306.

Granovetter, M., & Swedberg, R.(2011). In Granovetter M., Swedberg R.(Eds.), *The sociology of economic life*(3rd Edition ed.)Routledge.

Herzberg, F. I.(1966). *Work and the nature of man.* Oxford, England: World.

Hom, P. W., Caranikas-Walker, F., Prussia, G. E., & Griffeth, R. W.(1992). A meta-analytical structural equations analysis of a model of employee turnover. *Journal of Applied Psychology, 77*(6), 890.

Jha, A. K., DesRoches, C. M., Campbell, E. G., Donelan, K., Rao, S. R., Ferris, T. G., et al.(2009). Use of electronic health records in US hospitals. New *England Journal of Medicine, 360*(16), 1628-1638.

Johnson, W. R.(1978). A theory of job shopping. *The Quarterly Journal of Economics*, 261-278.

Jovanovic, B.(1979). Job matching and the theory of turnover. *Journal of Political Economy, 87*(5, Part 1), 972-990.

Kambourov, G., & Manovskii, I.(2008). Rising occupational and industry mobility in the united states: 1968-97. *International Economic Review, 49*(1), 41-79.

Kusunoki, K., & Numagami, T.(1998). Interfunctional transfers of engineers in japan: Empirical findings and implications for cross-functional integration. *IEEE Transactions on Engineering Management, 45*(3), 250-262.

Kuvaas, B.(2006). Performance appraisal satisfaction and employee outcomes: Mediating and moderating roles of work motivation. *The International Journal of Human Resource Management, 17*(3), 504-522.

Lazarsfeld, P. F., Berelson, B., & Gaudet, H. (1968). *The people's choice* Columbia University Press.

Lazear, E. P. (1981). Agency, Earnings Profiles, Productivity, and Hours Restrictions. *The American Economic Review, 71* (4), 606-620.

Lee, C. H., & Bruvold, N. T. (2003). Creating value for employees: Investment in employee development. *The International Journal of Human Resource Management, 14* (6), 981-1000.

Lee, T. W., & Mowday, R. T. (1987). Voluntarily leaving an organization: An empirical investigation of steers and mowday's model of turnover. *Academy of Management Journal, 30* (4), 721-743.

Lévy-Garboua, L., Montmarquette, C., & Simonnet, V. (2007). Job satisfaction and quits. *Labour Economics, 14* (2), 251-268.

London, M. (1989). *Managing the training enterprise: High-quality, cost-effective employee training in organizations.* San Francisco: Jossey-Bass.

Lopes, H., Lagoa, S., & Calapez, T. (2014). Declining autonomy at work in the EU and its effect on civic behavior. *Economic and Industrial Democracy, 35* (2), 341-366.

Mannheim, K. (1928). The problem of generations. *Essays on the Sociology of Knowledge,* 276-322.

McKnight, D. H., Phillips, B., & Hardgrave, B. C. (2009). Which reduces IT turnover intention the most: Workplace characteristics or job characteristics? *Information & Management, 46* (3), 167-174.

Memon, M. A., Salleh, R., & Baharom, M. N. R. (2016). The link between training satisfaction, work engagement and turnover intention. *European Journal of Training and Development,*

Mincer, J. (1974). *Schooling, experience, and earnings.* New York: Columbia University Press.

Mobley, W. H. (1977). Intermediate linkages in the relationship between job satisfaction and employee turnover. *Journal of Applied Psychology, 62* (2), 237.

Mobley, W. H. (1982). Some unanswered questions in turnover and withdrawal research. *Academy of Management Review, 7* (1), 111-116.

Mortensen, D. (2003). *Wage dispersion: Why are similar workers paid differently?* MIT press, Cambridge, MA.

Mortensen, D. T. (1988). Wages, separations, and job tenure: On-the-job specific training or matching? *Journal of Labor Economics, 6* (4), 445-471.

Porter, L. W., & Lawler, E. E. (1968). *Managerial attitudes and performance*

Homewood, IL: Irwin-Dorsey.

Price, J. L.(1977). *The study of turnover* Ames: Iowa State University Press.

Price, J. L.(1989). The impact of turnover on the organization. *Work and Occupations, 16*(4), 461-473.

Ribas, R. P., & Machado, A. F.(2007). Distinguishing chronic poverty from transient poverty in brazil: Developing a model for pseudo-panel data. *Brasilia: International Poverty Centre,* 219-239.

Rogerson, R., Shimer, R., & Wright, R.(2005). Search-theoretic models of the labor market: A survey. *Journal of Economic Literature, 43*(4), 959-988.

Ryan, R. M., & Deci, E. L.(2000). Intrinsic and extrinsic motivations: Classic definitions and new directions. *Contemporary Educational Psychology, 25*(1), 54-67.

Sagie, A., Birati, A., & Tziner, A.(2002). Assessing the costs of behavioral and psychological withdrawal: A new model and an empirical illustration. *Applied Psychology, 51*(1), 67-89.

Schultz, T. W.(1960). Capital formation by education. *Journal of Political Economy, 68*(6), 571-583.

Schumacher, E. J.(1997). Relative wages and exit behavior among registered nurses. *Journal of Labor Research, 18*(4), 581-592.

Shapiro, C., & Stiglitz, J. E.(1984). Equilibrium unemployment as a worker discipline device. *The American Economic Review, 74*(3), 433-444.

Simon, H. A.(1960). The new science of management decision.

Steel, R. P., & Ovalle, N. K.(1984). A review and meta-analysis of research on the relationship between behavioral intentions and employee turnover. *Journal of Applied Psychology, 69*(4), 673.

Sun, K.(2011). The turnover intentions for construction engineers. *Journal of Marine Science and Technology, 19*(5), 11.

Takase, M.(2010). A concept analysis of turnover intention: Implications for nursing management. *Collegian, 17*(1), 3-12.

Tamvada, J. P.(2010). Entrepreneurship and welfare. *Small Business Economics, 34*(1), 65-79.

Tett, R. P., & Meyer, J. P.(1993). Job satisfaction, organizational commitment, turnover intention, and turnover: Path analyses based on meta-analytic findings. *Personnel Psychology, 46*(2), 259-293.

Verbeek, M., & Nijman, T.(1992). Testing for selectivity bias in panel data models. *International Economic Review,* 681-703.

Weiss, A. (1984). Determinants of quit behavior. *Journal of Labor Economics, 2*(3), 371–387.

Wolthoff, R. P. (2012). Applications and interviews: A structural analysis of two-sided simultaneous search. *University of Toronto, Department of Economics, Working Paper* No. 418.

Wooldridge, J. M. (2002). *Econometric analysis of cross section and panel data.* MIT press. Cambridge, MA.

著者略歴

王　嬌（おう　きょう）

1989 年　中国遼寧省大連市生まれ
2012 年　来日
2014 年　同志社大学留学生別科修了
2022 年　同志社大学総合政策科学研究科一貫制博士課程修了
2022 年　同志社大学総合政策科学研究科外国人留学生助手　博士（技術・革新的経営）
現在　同志社大学 STEM 人材研究センター研究員

主要論文

「技術者の転職意欲に影響する要因の検討：職種間比較を交えて」同志社政策科学研究
22(1) 1 pp153〜167 2020

「日本の技術者における人手不足の実態と労働条件の変化」同志社大学 STEM 人材セン
ター 『RISTEM Working Paper Series』pp1〜13 2020

「Examining the TFP growth of information technology service sector: a cross- country
analysis」Economics Bulletin 42(2) pp740〜752 2022

主な研究分野　「人的資源管理」と「組織行動」

　私の研究は、技術者の離転職に影響を与える要因、IT エンジニアの働き方、そして
職業生活の満足度に焦点を当てています。これらのテーマは、現代社会における技術者
のキャリアと幸福に深く関連しており、私はこれらの問題に対する解決策を見つけるこ
とによって、より良い働き方と職業生活のバランスを提供したいと考えています。

技術者の転職意欲とその影響要因

2024 年 7 月 15 日　発行

著　者　王　嬌
発行所　株式会社　溪水社
　　　　広島市中区小町 1-4（〒730-0041）
　　　　電話 082-246-7909　FAX 082-246-7876
　　　　URL：www.keisui.co.jp

ISBN978-4-86327-652-9 C3036